ÉTICA E MORAL

Dados Internacionais de Catalogação na Publicação (CIP)(Câmara Brasileira do Livro, SP, Brasil)

Boff, Leonardo

Ética e moral : a busca dos fundamentos / Leonardo Boff. 9. ed. – Petrópolis, RJ : Vozes, 2014.

4ª reimpressão, 2025.

ISBN 978-85-326-2917-3

Bibliografia.

1. Ética I. Título.

03-4865 CDD-170

Índices para catálogo sistemático:

1. Ética : Filosofia 170
2. Moral : Filosofia 170

Leonardo Boff

ÉTICA E MORAL

A busca dos fundamentos

EDITORA
VOZES

Petrópolis

Caixa Postal 92.144 – Itaipava
25741-970 Petrópolis, RJ
www.leonardoboff.com

Direitos de publicação em língua portuguesa:
1980, 2014, Editora Vozes Ltda.
Rua Frei Luís, 100
25689-900 Petrópolis, RJ
Internet: http://www.vozes.com.br
Brasil

Assessoria Jurídica e Agenciamento Literário:
Cristiano Monteiro de Miranda
(21) 9385-5335
cristianomiranda@leonardoboff.com

Capa: Adriana Miranda

ISBN 978-85-326-2917-3

Este livro foi composto e impresso pela Editora Vozes Ltda.

SUMÁRIO

Introdução

Quanto maior o risco, tanto maior a salvação

Ninguém tem condições hoje de nos dizer para onde está caminhado a humanidade: se na direção de um abismo, que a todos vai tragar, ou se na direção de uma culminância, que a todos vai englobar. O certo é que estamos entrando num novo patamar de consciência, a consciência planetária, e que sentimos a urgência de uma aliança entre os povos que se descobrem juntos dentro da única Casa Comum, para poderem conviver de uma forma minimamente pacífica e que se faz necessário um cuidado especial com a Terra e seus ecossistemas, senão perderemos as bases de nossa subsistência.

Há sinais para todos os cenários. Mas nenhum é inequívoco. Somos condenados a fazer o caminho caminhando, não raro em noite escura, sem ver claramente a direção e sem poder identificar os empecilhos. E precisamos crer e esperar que o caminho nos conduza a algum lugar que seja bom para se morar e demorar nele.

Mas há uma constatação indiscutível, de aterradora crise ética e moral em todas as partes, atingindo o coração da humanidade. Quem tem autoridade bastante para nos dizer o que ainda é bom e mau? O que ainda vale? Sentimo-nos perplexos, confusos e perdidos.

Percebemos, por outro lado, a urgência de pontos comuns que orientem algumas práticas salvadoras. Caso contrário podemos ir ao encontro do pior, quem sabe, conhecer o destino dos dinossauros. Nossa geração se deu conta de que tem condições e meios para pôr fim à espécie humana e ferir mortalmente a biosfera. Que ética e que moral freará esse poder avassalador?

Prescindindo desta ameaça extremada, que revolução ética e moral cumpre fazer para superar a maior chaga que envergonha a humanidade e, concretamente, nosso país, os milhões e já bilhões que gritam caninamente ao céu pedindo um pouco de compaixão e de misericórdia na forma de pão, de água potável, de saúde, de moradia, de reconhecimento e de inclusão na família humana?

Quando mergulhamos em crises que afetam as razões de estarmos juntos e o sentido derradeiro da vida, então é tempo de pararmos um pouco e refletirmos sobre os fundamentos. É a oportunidade de revisitarmos a experiência seminal e originária que fez nascer outrora e faz brotar ainda hoje o que chamamos de ética e de moral. Como veremos, a experiência protoprimária reside na morada humana, no morar neste mundo junto com outros, cuidando-nos reciprocamente e cuidando do que é comum. Morar é uma experiência irredutível, carregada de significações que o pensamento deve desentranhar.

Bebendo desta fonte, quem sabe, sejamos brindados com alguma inspiração promissora de como devemos ser e nos comportar nos dias atuais. Meditando a partir dos desafios próprios da nova fase da história da humanidade e da própria Terra, a fase planetária, conquistemos alguma luz. E toda luz é criadora e libertadora. Mostra caminhos e aponta a direção. E, mais que tudo, mantém viva a esperança.

O sentido de nossas reflexões, feitas nos últimos tempos, faladas algumas e publicadas outras, em órgãos da imprensa escrita, reside no propósito de fazer pensar, de convidar os leitores e as leitoras a se inquietarem e, com a inquietação, se mobilizarem em busca de um paradigma ético e moral à altura dos desafios que experimentamos.

Se grande é o risco, dizia um poeta-pensador alemão, grande e maior ainda é a chance de salvação. Eis a inarredável esperança que perpassa as presentes páginas.

Petrópolis, festa de São João de 2003.

I
Ética: a doença e seus remédios

1. Nosso pecado de origem

Analistas, vindos da biologia, das ciências da Terra e da nova cosmologia, nos advertem que o tempo atual se assemelha muito às épocas de ruptura no processo de evolução, épocas de extinções em massa. Não porque sobre nós pesa alguma ameaça cósmica, mas por causa da atividade humana altamente depredadora de todos os ecossistemas. Chegamos a um ponto em que a biosfera está à mercê de nossa decisão. Se queremos continuar a viver, temos que querê-lo e garantir as condições adequadas.

1.1. A escolha é nossa: cuidar ou desaparecer

Estimativas otimistas estabelecem como data-limite para esta decisão o ano 2030. A partir daí a sustentabilidade do sistema Terra não estaria mais garantida. E aí iríamos ao encontro de uma crise cujo desfecho é imponderável. *A Carta da Terra*, aquele documento produzido pela nova consciência ecológica e de ética mundial, e já assumido pela Unesco, adverte em sua introdução: "As bases da segurança global estão ameaçadas. Essas tendências são perigosas, mas não inevitáveis. A escolha é nossa: ou formar uma aliança global para cuidar da Terra e uns dos outros, ou arriscar a nossa destruição e da diversidade da vida".

1.2. Por que os sonhos não deram certo?

Por que chegamos a esse ponto crucial? A resposta mais imediata se prende às revoluções iniciadas no neolítico, há dez mil anos: a agrícola, seguida da industrial e completada pela do conhecimento e da comunicação dos tempos atuais. Estas revoluções modificaram a face da Terra para bem e para mal. Por um lado trouxeram imensas comodidades e prolongaram consideravelmente a expectativa de vida. Por outro, depredaram o sistema Terra pela monocultura tecnológica e material e pela desumanização das relações entre as pessoas e os povos.

A segunda resposta, mais elaborada, procura saber: que sonho o ser humano perseguia com essas revoluções, especialmente, com o imenso processo técnico-científico e cultural? Era o sonho da prosperidade material a ser conseguida pelo poder-dominação sobre a natureza e seus recursos, sobre a mulher, sobre os povos e suas riquezas e sobre a exploração da força de trabalho das pessoas.

Esta prosperidade, importa reconhecê-lo, trouxe incontáveis benefícios em todos os campos do bem-estar material. Mas porque era prevalentemente material sem ser acompanhado por um desenvolvimento ético e espiritual, acarretou espantoso vazio existencial, provocou devastadora destruição do sentido cordial das coisas e ocasionou imensa devastação da natureza.

Esse sonho de prosperidade ilimitada ocupa o imaginário coletivo da humanidade e formata a agenda central de qualquer governo. Ai da política econômica e tecnocientífica que não apresentar anualmente índices positivos de crescimento. Mas esse sonho está se transformando num pesadelo, pois está levando os países, a humanidade e a Terra a um impasse fatal: os recursos são limitados, os ganhos não podem ser generalizados para todos, porque então deveríamos dispor de outras três Terras com os recursos da nossa, e a capacidade de suporte e regeneração do Planeta se encontram em estado crítico. Temos que mudar de rumo ou não enfrentaremos o imponderável.

Mas essas respostas, embora objetivas, não vão suficientemente à raiz da questão. Há uma causa derradeira: a quebra da re-ligação do ser humano consigo mesmo, com os outros, com a natureza e com o sentido transcendente da vida. Ele não é, essencialmente, um nó de relações em todas as direções? Por que quebrou a rede de relações?

Para dar uma resposta que faça sentido, precisamos entender, previamente, duas forças fundamentais que atuam sempre juntas e que constroem concretamente o ser humano e qualquer outro ser do universo: a força de autoafirmação e a força de integração.

Pela força de autoafirmação cada um consegue se fazer valer e garantir sua sobrevivência e sua possibilidade de continuar a coevoluir. Pela força da integração se reforçam as relações inclusivas, se garante a cooperação de todos com todos e assim se assegura melhor o futuro.

Nenhuma dessas forças é suficiente sem a outra. Ambas precisam atuar sinergeticamente, se reforçando mutuamente e se completando. Qualquer ruptura de equilíbrio é fatal. Caso o ser humano apenas se autoafirmar sem se integrar, se isola e se inimiza com os demais, sendo ameaçado ou tendo que usar mais e mais força para se defender. Caso se integrar no todo sem se autoafirmar, perde a identidade e acaba desaparecendo, assimilado no todo. A lógica sábia da natureza faz com que as duas forças de autoafirmação e de integração sempre funcionem num sutil equilíbrio e numa medida justa para que os seres não destruam a harmonia do todo e, ao mesmo tempo, conservem sua singularidade.

Com o ser humano, porém, ocorreu a ruptura desta justa medida. Ele exacerbou a autoafirmação em detrimento da integração. Descobriu a força de sua inteligência e de sua criatividade. E usou esta força para se sobrepor aos demais. Ao invés de estar junto dos demais seres, colocou-se sobre eles e contra eles.

Aí começou o autoexílio do ser humano, pois foi se afastando lentamente da Casa Comum, da Terra, e dos demais companheiros e companheiras na aventura terrenal. Quebrou os laços de coexistência com eles. Perdeu a memória sagrada da unicidade da vida em sua imensa diversidade. Esqueceu a teia das interdependências, de comunhão com os vivos e com a Fonte originária de todo ser. Colocou-se num pedestal solitário a partir do qual pretende dominar a terra e os céus.

Eis nosso pecado de origem que subjaz à crise ética de nossa civilização: nossa autocentração, nossa ruptura fatal.

Esta postura de arrogância gerou a maior tragédia da história da vida. As consequências nos alcançam até os dias de hoje e de uma forma perigosa, pois ela criou o princípio de autodestruição da espécie e de seu habitat natural. Para os gregos essa atitude arrogante (chamavam-na de *hybris*) provocava a fulminação dos deuses, pois viam nela a perversão maior da natureza.

1.3. Um novo reencantamento

Urge refazer o caminho de volta, rumo à casa materna comum e irmanarmo-nos com todos os seres. Temos que deixar o exílio, cultivar saudades, como na parábola do filho pródigo, reavivar sonhos antigos de comunhão, de paz sem ameaça, de benquerença generalizada, sonhos escondidos no coração de todos os humanos e testemunhados em seus mitos, ritos e estórias.

Principalmente precisamos de paz, que é a plenitude resultante das relações adequadas com todas as coisas, com todas as formas de vida, com todas as culturas, consigo mesmo e com Deus.

Para isso o ser humano precisa se reencantar com a natureza e o universo. Esse reencantamento não irrompe por ele mesmo. Ele emerge a partir de uma nova experiência espiritual e um novo sentido de ser.

Essa nova experiência e esse novo sentido também não brotam espontaneamente. Eles surgem a partir da ativação consciente e propositada do princípio do feminino, da dimensão da anima (que se completa pelo animus) presente nos homens e nas mulheres.

O feminino em nós é aquela energia estruturadora que nos torna sensíveis a tudo o que tem a ver com a vida e a cooperação, que capta o valor dos fatos, que lê a mensagem secreta, emitida por todos os seres, que identifica o fio condutor que liga e re-liga as partes no todo e o todo à Fonte originária donde tudo provém. O feminino nos ensina a cuidar de tudo com entranhável zelo. O cuidado constitui a essência da anima e aquela precondição necessária para que a vida continue vida.

Do feminino e do cuidado surge um novo paradigma ético que coloca a vida no centro, vida compartida com outros, vida aberta para cima e para frente, para as virtualidades que se escondem dentro dela e que querem vir à luz e fazer história. Aqui reside a cura de nosso pecado de origem.

2. Paradigma-conquista

No conjunto dos seres da natureza, o ser humano ocupa um lugar singular. Por um lado, é parte da natureza por seu enraizamento cósmico e biológico. É fruto da evolução que produziu a vida da qual ele é expressão consciente e inteligente. Por outro, se sobreleva à natureza e nela intervém, criando cultura e coisas que a evolução sem ele jamais criaria como uma cidade, um avião e um quadro de Portinari.

Por sua natureza, é um ser biologicamente carente, pois, à diferença dos animais, não possui nenhum órgão especializado que lhe garanta a subsistência. Por isso vê-se obrigado a conquistar o seu sustento, modificando o meio, criando assim o seu habitar.

Portanto, surgiu bem cedo o paradigma da conquista no processo de hominização. Saiu da África de onde irrompeu como "homo erectus", há sete milhões de anos, pôs-se a conquistar o espaço, começando pela Eurásia, passando pela Ásia, América e terminando pela Oceania. Com o crescimento de seu crânio, evoluiu para "homo habilis", inventando, por volta de 2,4 milhões de anos atrás, o instrumento que lhe permitiu alargar ainda mais sua capacidade de conquista.

Por comparecer como um ser inteiro, mas inacabado (não é defeito, mas marca), e tendo que conquistar sua vida, o paradigma da conquista pertence à autocompreensão do ser humano e de sua história. Praticamente tudo está sob o signo da conquista. Conquistar a Terra inteira, os oceanos, as montanhas mais inacessíveis e os recantos mais inóspitos. Conquistar povos e "dilatar a fé e o império", eis o sonho dos colonizadores. Conquistar os espaços extraterrestres e chegar às estrelas, eis a utopia dos modernos. Conquistar o segredo da vida e manipular os genes. Conquistar mercados e altas taxas de crescimento, conquistar mais e mais clientes e consumidores. Conquistar o poder de Estado e outros poderes como o religioso, o profético e o político. Conquistar e controlar os anjos e demônios que nos habitam. Conquistar o coração da pessoa amada, conquistar as bênçãos de Deus e conquistar a salvação eterna. Tudo é objeto de conquista. O que ainda nos falta por conquistar?

Insaciável é a vontade de conquista do ser humano. Por isso o paradigma-conquista tem como arquétipos referenciais Alexandre Magno, Hernán Cortés e Napoleão Bonaparte, os conquistadores que não conheciam nem aceitavam limites.

Depois de milênios, o paradigma-conquista entrou, em nossos dias, em grave crise. Chega de conquistas. Caso contrário, destruiremos tudo. Já conquistamos 83% da Terra e nesse afã a devastamos de tal forma que ela ultrapassou em 20% sua capacidade de suporte e regeneração. Chagas se abriram e talvez nunca mais se fecharão. Precisamos conquistar aquilo que nunca havíamos conquistado antes porque pensávamos que era contraditório: conquistar a autolimitação, a austeridade compartilhada, o consumo solidário, a compaixão e o cuidado com todas as coisas para que continuem a existir. A sobrevivência depende destas anticonquistas.

Ao arquétipo da conquista Alexandre Magno, Hernán Cortés e Napoleão Bonaparte há que se contrapor o arquétipo do cuidado essencial Francisco de Assis, Gandhi, Madre Teresa de Calcutá e Irmã Dulce. Não há tempo a perder. Devemos começar conosco, com as revoluções moleculares. Sem elas não garantiremos as novas virtudes que salvarão a vida e a Terra.

3. Paradigma-cuidado

Depois de termos conquistado toda a Terra, a preço de pesado estresse da biosfera, é urgente e urgentíssimo que cuidemos do que restou e regeneremos o vulnerado. Desta vez, ou cuidamos ou morremos. Daí a urgência de passarmos do paradigma-conquista para o paradigma-cuidado.

Se repararmos bem, o cuidado é tão ancestral quanto o universo. Se, após o *big-bang*, não tivesse havido cuidado por parte das forças diretivas, pelas quais o universo se autocria e autorregula, a saber, a força gravitacional, a eletromagnética, a nuclear fraca e forte, tudo se expandiria demais, impedindo que a matéria se adensasse e formasse o universo como o conhecemos, ou tudo se retrairia a ponto de o universo colapsar sobre si mesmo em intermináveis explosões. Mas não. Tudo se processou com um cuidado tão sutil, em frações de bilionésimos de segundo, que permitiu estarmos aqui para falar de todas essas coisas.

Esse cuidado se potenciou, quando surgiu a vida há 3,8 bilhões de anos. A bactéria originária, com cuidado singularíssimo, dialogou quimicamente com o meio para garantir sua sobrevivência e evolução. O cuidado se complexificou mais ainda quando surgiram os mamíferos, donde também nós viemos há 125 milhões de anos, e com eles o cérebro límbico, o órgão do afeto, do cuidado e do enternecimento.

O cuidado ganhou centralidade com a emergência do ser humano há sete milhões de anos. A essência humana, segundo uma tradição filosófica que vem do escravo Higino, bibliotecário de César Augusto, que nos legou a famosa fábula do cuidado até Martin Heidegger, o filósofo, reside exatamente no cuidado.

O cuidado é aquela condição prévia que permite o eclodir da inteligência e da amorosidade, o orientador antecipado de todo comportamento para que seja livre e responsável, enfim tipicamente humano. Cuidado é gesto amoroso para com a realidade, gesto que protege e traz serenidade e paz. Sem cuidado, nada que é vivo sobrevive. O cuidado é a força maior que se opõe à lei da entropia, o desgaste natural de todas as coisas, pois tudo de que cuidamos dura muito mais.

Essa atitude precisamos resgatá-la hoje, como ética mínima e universal, se quisermos preservar a herança que recebemos do universo e da cultura e garantir nosso futuro. O cuidado surge na consciência coletiva sempre em momentos críticos. Florence Nightingale (1820-1910) é o arquétipo da moderna enfermeira. Em 1854, com 38 colegas, parte de Londres para um hospital militar na Turquia, onde se travava a guerra da Crimeia. Imbuída da ideia do cuidado, consegue reduzir, em dois meses, a mortalidade de 42% para 2%. A Primeira Grande Guerra destruíra as certezas e produzira profundo desamparo metafísico. Foi quando Martin Heidegger escreveu seu genial *Ser e tempo* (1926), cujos parágrafos centrais (§§ 39-44) são dedicados ao cuidado como ontologia do ser humano. Em 1972, o Clube de Roma lança o alarme ecológico sobre o estado doentio da Terra. Em 2001 termina a redação da *Carta da Terra*, texto da nova consciência ecológica e ética da humanidade. Os documentos produzidos se estruturam ao redor do cuidado como a atitude mais adequada e necessária para com a natureza. Seres de cuidado foram Francisco de Assis, Gandhi, Madre Teresa de Calcutá e a Irmã Dulce. São arquétipos que inspiram o caminho da cura e do salvamento da vida e da Terra. Aqui se funda o *ethos* que ama e cuida.

4. Re-ligação, base da civilização planetária

Morrem ideologias. Passam filosofias. Mas sonhos permanecem. São eles que mantêm o horizonte de esperança sempre aberto. Formam o húmus que permite continuamente projetar novas formas de convivência social e de relação com a natureza.

Bem entendeu a importância dos sonhos o cacique pele-vermelha Seattle, quando, em 1856, escreveu ao governador do Estado de Washington, Stevens, que o forçara a vender as terras aos colonizadores europeus. Perplexo, se perguntava sem entender: pode-se comprar e vender a aragem, o verde das plantas, a limpidez da água e o esplendor da paisagem? E concluía: os peles-vermelhas entenderiam o porquê "se conhecessem os sonhos do homem branco, se soubessem quais esperanças que transmite a seus filhos e filhas e quais as visões de futuro que oferece para o dia de amanhã".

Qual é o nosso sonho? Qual é o sonho da sociedade civil mundial que ganhou visibilidade nos povos reunidos em Porto Alegre, em Seattle, em Gênova? É o sonho da inclusão de todos na família humana, morando juntos na mesma e única Casa Comum, a Terra, o sonho da integração de todas as culturas, etnias, tradições e caminhos religiosos e espirituais no patrimônio comum da humanidade, o sonho de uma nova aliança dos humanos com os demais seres vivos da natureza, entendendo-os verdadeiramente como irmãos e irmãs na imensa cadeia da vida, da qual somos um elo entre outros, o sonho de uma economia política do suficiente e do decente para todos, também para os demais organismos vivos, o sonho de um cuidado de uns para com os outros a fim de exorcizar definitivamente o medo, o sonho de hospitalidade, tolerância, convivência e comensalidade com todos os membros da família humana, sonho da coexistência pacífica e alegre das diferenças, sonho da capacidade de perdão que permite recomeçar uma história sem amarguras e ressentimentos, o sonho de um diálogo de todos com o seu Profundo donde nos vêm inspirações de benquerença, de cooperação e de amorosidade, o sonho de uma re-ligação de todos com a Fonte originária, donde promanam os seres, dando-nos o sentimento de acolhida num derradeiro Útero no qual todas as nossas contradições serão resolvidas e onde todas as nossas lágrimas serão enxugadas para então cairmos nos braços de Deus-Pai-e-Mãe de infinita bondade e descansarmos de tanto peregrinar e penar e, finalmente, irradiar vida e mais vida para sempre.

Como se depreende, trata-se do sonho de uma civilização da re-ligação universal que a todos inclui, da formiga do caminho à galáxia mais distante. Esse anseio ancestral da humanidade foi ao exílio pelo tipo de cultura que predominou nos últimos séculos. Viemos de um ensaio civilizatório, hoje mundializado, que realizou coisas extraordinárias, mas que é materialista e mecânico, linear e determinístico, dualista e reducionista, atomizado e compartimentado. Separou matéria e espírito, ciência e vida, economia e política, Deus e mundo.

Ele operou uma como que lobotomia em nossa mente, pois nos deixou desencantados, obtusos às maravilhas da natureza e insensíveis face à reverência que o universo suscita em nós. Essa civilização da re-ligação de tudo com tudo dará centralidade à religião, menos como instituição do que como dimensão antropológica, qual força que se propõe a re-ligar todas as coisas entre si, com o ser humano e com o supremo Ser.

Então surgirá a civilização da etapa planetária, da sociedade terrenal, a primeira civilização da humanidade como humanidade, enfim, em comunhão com todas as coisas.

Importa não deixarmos o sonho permanecer apenas sonho. Urge colocar as bases para sua implementação processual no cotidiano de nossas vidas, até para dentro das complexas estruturas da civilização contemporânea.

Desta ótica poderá nascer uma nova ética, expressão do novo estado de consciência da humanidade e da realidade que lentamente foi se transmutando até inaugurar a fase globalizada do destino humano e da Terra.

II

Genealogias da ética

1. Como nasce a ética

Vivemos hoje grave crise mundial de valores. É difícil para a grande maioria da humanidade saber o que é correto e o que não é. Esse obscurecimento do horizonte ético redunda numa insegurança muito grande na vida e numa permanente tensão nas relações sociais que tendem a se organizar ao redor de interesses particulares do que ao redor do direito e da justiça. Tal fato se agrava ainda mais por causa da própria lógica dominante da economia e do mercado que se rege pela competição, que cria oposições e exclusões, e não pela cooperação que harmoniza e inclui. Com isso se onera o encontro de estrelas-guia e de pontos de referência comuns, importantes para as condutas pessoais e sociais.

Importa também não esquecer o que o historiador Eric Hobsbawm, em sua obra *Era dos Extremos* (Cia. das Letras), constatou: houve mais mudanças na humanidade nos últimos 50 anos do que desde a idade da pedra. Essa aceleração fez com que os mapas conhecidos não orientassem mais, e a bússola chegasse a perder o Norte. Nesse quadro dramático, como fundar um discurso ético minimamente consistente?

1.1. Religião e razão: fontes da ética

Considerando a história, identificamos duas fontes que orientaram e orientam ética e moralmente as sociedades até os dias de hoje: as religiões e a razão.

As religiões continuam sendo os nichos de valor privilegiados para a maioria da humanidade. Samuel P. Huntington em seu conhecido *O choque de civilizações e a recomposição da ordem mundial* (Objetiva 1997, 79) reconhece explicitamente: "No mundo moderno, a religião é uma força central, talvez a força central que motiva e mobiliza as pessoas... O que em última análise conta para as pessoas não é a ideologia política nem o interesse econômico; mas aquilo com que as pessoas se identificam são as convicções religiosas, a família e os credos. É por estas coisas que elas combatem e até estão dispostas a dar sua vida". Hans Küng, um dos pensadores mundiais que mais se tem ocupado destas questões, propõe as religiões como a base mais realista e eficaz para se construir "uma ética global para a política e a economia mundiais" (título do livro, Vozes, 2001). Deixando de lado as diferenças que não são poucas, os pontos comuns entre elas permitem elaborar um consenso ético mínimo, capaz de manter a humanidade unida e preservar o capital ecológico indispensável para a vida. Elas representam na história o *ethos* que ama e cuida.

A razão crítica, desde que irrompeu, quase simultaneamente em todas as culturas mundiais no século VI aC, no assim chamado tempo do eixo (Karl Jaspers), tentou estatuir códigos éticos universalmente válidos. A fundamentação racional da ética e da moral (ética autônoma) representou um esforço admirável do pensamento humano desde os mestres gregos Sócrates, Platão, Aristóteles, Santo Agostinho, Tomás de Aquino, Immanuel Kant até os modernos Henri Bergson, Martin Heidegger, Hans Jonas, Jürgen Habermas, Enrique Dussel e, entre nós, Henrique de Lima Vaz e Manfredo Oliveira, só para ficar no quadro da cultura ocidental.

Esta tarefa se encontra ainda em aberto, distanciando-se de outros esforços éticos fundados em outras bases que não seja a razão (éticas heterônomas). É o *ethos* que procura.

O nível de convencimento, entretanto, tem sido parco e restrito aos ambientes acadêmicos, por isso com limitada incidência no cotidiano das populações.

Esses dois paradigmas não ficam invalidados pela crise atual, mas precisam ser enriquecidos, se quisermos estar à altura das demandas éticas que nos vêm da realidade hoje globalizada.

1.2. O afeto: fonte originária da ética

A crise cria a oportunidade de irmos às raízes da ética e nos convida a descermos àquela instância na qual se formam continuamente valores. A ética, para ganhar um mínimo de consenso, deve brotar da base última da existência humana. Esta não reside na razão, como sempre pretendeu o Ocidente.

A razão, como a própria filosofia tem reconhecido, não é o primeiro nem o último momento da existência. Por isso não explica tudo nem abarca tudo. Ela se abre para baixo, de onde emerge de algo mais elementar e ancestral: a afetividade. Abre-se para cima, para o espírito, que é o momento em que a consciência se sente parte de um todo e que culmina na contemplação e na espiritualidade. Portanto, a experiência de base não é "penso, logo existo", mas "sinto, logo existo". Na raiz de tudo não está a razão (*logos*), mas a paixão (*pathos*).

David Goleman diria: "no fundamento de tudo está a inteligência emocional", título do livro que o tornou famoso (Editora Objetiva, 1995). Afeto, emoção, numa palavra, paixão é um sentir profundo. É um entrar em comunhão, sem distância, com tudo o que nos cerca. Pela paixão captamos o valor das coisas. E o valor é o caráter precioso dos seres, aquilo que os torna dignos de serem e os faz apetecíveis. Só quando nos apaixonamos vivemos valores. E é por valores que nos movemos e somos.

À deriva dos gregos, chamamos essa paixão de eros, de amor. O mito arcaico diz tudo: "Eros, o deus do amor, ergueu-se para criar a terra. Antes, tudo era silêncio, nu e imóvel. Agora tudo é vida, alegria, movimento". Agora tudo é precioso, tudo tem valor, por causa do amor e da paixão.

1.3. Tensão entre afeto e razão

Mas a paixão é habitada por um demônio. Deixada a si mesma, pode degenerar em formas de desfrute destruidor. Todos os valores valem, mas nem todos valem para todas as circunstâncias. A paixão é um caudal fantástico de energia que, como águas de um rio, precisa de margens, de limites e da justa medida. Caso contrário irrompe avassaladora. É aqui que entra a função insubstituível da razão. É próprio da razão ver claro e ordenar, disciplinar e definir a direção da paixão.

Eis que surge uma dialética dramática entre paixão e razão. Se a razão reprimir a paixão, triunfa a rigidez, a tirania da ordem e a ética utilitária. Se a paixão dispensar a razão, vigora o delírio das pulsões e a ética hedonista, do puro gozo das coisas. Mas, se vigorar a justa medida, e a paixão se servir da razão para um autodesenvolvimento regrado, então emergem as duas forças que sustentam uma ética promissora: a ternura e o vigor.

1.4. Irradiação da ética: a ternura e o vigor

A ternura é o cuidado com o outro, o gesto amoroso que protege e confere paz. O vigor abre caminho, supera obstáculos e transforma sonhos em realidade. É a contenção sem a dominação, a direção sem a intolerância. Ternura e vigor, ou também "animus" e "anima", constroem uma personalidade integrada, capaz de manter unidas as contradições e se enriquecer com elas. São dois princípios capazes de sustentar um humanismo sustentável, fundado na materialidade da história e na espiritualização das práticas humanas.

Dessas premissas pode nascer uma ética, capaz de incluir a todos na família humana. Essa ética se estrutura ao redor dos valores fundamentais ligados à vida, ao seu cuidado, ao trabalho, às relações cooperativas e à cultura da não violência e da paz. É um *ethos* que ama, cuida, se responsabiliza, se solidariza e se compadece.

2. O fundamento: *daimon* e *ethos*, o anjo e a morada

A cultura dominante é culturalmente pluralista, politicamente democrática, economicamente capitalista e, ao mesmo tempo, é materialista, individualista, consumista e competitiva, prejudicando o capital social dos povos e precarizando as razões de estarmos juntos. Com muito poder e pouca sabedoria criou o princípio da autodestruição. Pela primeira vez podemos liquidar as bases de sobrevivência da espécie, o que torna a questão ética (como devemos nos comportar) premente e inadiável.

Para encaminharmos esta espinhosa questão, servir-nos-emos de duas palavras gregas, para muitos estranhas, *ethos* e *daimon*. Com elas, os gregos enfrentaram a maior crise de sua história, estruturalmente semelhante à nossa, quando no século VI aC surgiu a razão crítica. Esta ameaçava esvaziar as tradições e os valores que garantiam até então, pela razão mítica e religiosa, a sociabilidade da cidade grega (*polis*).

Vamos por nossa conta revisitar estas duas palavras seminais, pois seu significado concreto (é o que nos interessa) contém, ainda hoje, o segredo de um comportamento ético destinado a nos salvar a todos e a fundar um novo acordo mínimo entre os humanos na fase planetária de nossa história.

Mas expliquemos os termos *daimon* e *ethos* porque seu significado não é imediatamente compreensível. Em primeiro lugar cabe dizer que *daimon* em grego clássico não é demônio Ao contrário, é o anjo bom, o gênio protetor. E *ethos* não é primeiramente ética, mas a morada humana.

Heráclito, genial filósofo pré-socrático (500 aC), uniu as duas palavras no aforismo 119: "o *ethos* é o *daimon* do ser humano", vale dizer, "a casa é o anjo bom do ser humano". Nesta formulação se esconde a chave de toda uma construção ética. Vejamos em profundidade, à moda dos filósofos.

Ethos/morada não é constituída simplesmente pelas quatro paredes e o teto. Essa é uma visão exterior e física da casa. A casa precisa ser vista a partir de dentro, numa abordagem existencial, como uma experiência originária e, por isso, como um dado irredutível. Então ela aparece como o conjunto das relações que o ser humano estabelece com o meio natural, separando um pedaço dele, para que seja sua morada com os que habitam na morada, para que sejam cooperativos e pacíficos, com o cantinho sagrado, onde guardamos memórias queridas, a vela que arde ou os santos de nossa devoção ou as Escrituras Sagradas, e com os vizinhos, para que haja mútua ajuda e gentileza. Morada é tudo isso, portanto algo não material, mas existencial e globalizante, um modo de ser das coisas e das pessoas.

A morada para ser morada tem que ser habitável, vale dizer, tem que ter bom astral, bom "axé" como dizem os da tradição nagô ou um vigoroso "shi" da tradição do Tao e do Feng-shui. Isso providencia o *daimon*, o anjo bom, o gênio benfazejo e protetor. O bem que inspira faz das quatro paredes e do conjunto das relações a morada humana, na qual nos sentimos bem, amamos e, se tudo der certo, morremos tranquilamente.

Que é, então, o *daimon*/anjo bom? Platão na sua comovedora *Apologia de Sócrates* conservou as palavras finais do genial mestre. *Daimon*, diz ele, é "voz profética dentro de mim, proveniente de um poder superior", ou também é o "sinal de Deus". Nós diríamos, é voz da interioridade, aquele conselheiro da consciência que dissuade ou estimula, aquele sentimento do conveniente e do justo nas palavras e nos atos que se anuncia em todas as circunstâncias da vida, pequenas ou grandes. Todos possuem o *daimon*, esse anjo protetor que nos acompanha sempre, um dado tão objetivo como a libido, a inteligência, o amor e o poder.

Como se depreende, Heráclito, como bom filósofo, deixa para trás o sentido convencional das palavras e capta sua significação secreta: morada (*ethos*) acaba sendo a ética que devemos ter e o anjo bom (*daimon*), o tato pelo que é justo e bom, o *feeling* para o que, em cada situação, deve ser feito.

Esse anjo bom faz com que moremos bem na casa que pode ser a individual, a cidade, o país e o planeta Terra, Casa Comum. Tudo que fizermos para que se more bem juntos (sermos felizes) é ético e bom, o contrário é antiético e mau.

Há uma espécie de tragédia em nossa história: o *daimon* foi esquecido. Em seu lugar, os filósofos como Platão e Aristóteles, Kant e Schopenhauer colocaram os sistemas éticos, com normas e leis tidas por universais. Os sistemas, entretanto, por força da ordenação arquitetônica, se distanciam do vivenciado. Fazem-se abstratos, quando a ética sempre tem a ver com a prática concreta. Possuem inegáveis virtudes, mas também vícios como a rigidez, a inflexibilidade, a a-historicidade. Por isso, todos os sistemas possuem algo de artificial e construído. As normas não raro funcionam como imperativos, quais superegos castradores, mais do que inspiradores de comportamentos criativos.

Quanto mais arquitetônico é o sistema, mais se distancia do *daimon*, até considerá-lo inexistente ou reduzi-lo a um subproduto dos mecanismos de controle psicológico ou do enquadramento social. Mas como o *daimon* é intrínseco ao ser humano (eis sua dimensão ontológica indestrutível), a voz desse anjo bom não deixa de falar. Pode ser confundida com as mil outras vozes dos formuladores, das religiões, das igrejas, dos estados e de outros mestres. Mas ele é soberano e sua voz persistente.

Figuras exemplares que souberam escutar o *daimon* e se orientar por ele foram os profetas, como Isaías e Amós, Jesus Cristo, Buda, Sócrates, Francisco de Assis, Gandhi e tantos outros anônimos, homens e mulheres, que testemunham a existência e a persistência desta voz interior.

Se quisermos uma revolução ética que responda aos desafios de nosso tempo, devemos desentulhar e liberar o *daimon* interior e começar a auscultá-lo de novo. No termo, precisamos resgatar o bom senso ético, aquilo que simplesmente deve ser, pois essa é a missão que o *daimon* desempenha dentro de nós. Ele é a fonte da criatividade ética e moral. Ele nos sugerirá como ordenar a casa que é a cidade, o Estado e a Casa Comum planetária.

Não temos outra saída senão despertar o *daimon* em todos nós. É utopia? Sim, mas é direção correta para encontrarmos o caminho verdadeiro. O *daimon* protegerá nossa vida e a Terra hoje ameaçadas. Não permitirá que escolhamos o suicídio, mas a expansão e a irradiação da vida.

3. Ética e moral: distinções e definições

Que é ética, que é moral? É a mesma coisa ou há distinções a serem feitas? Há muita confusão acerca disso.

Tentemos um esclarecimento. Na linguagem comum e mesmo culta, ética e moral são sinônimos. Assim dizemos: "aqui há um problema ético" ou "um problema moral" ou unindo as duas: "um problema ético e moral". Com isso emitimos um juízo de valor sobre alguma prática pessoal ou social, se boa, se má ou duvidosa.

Mas, aprofundando a questão, percebemos que ética e moral não são sinônimos.

3.1. Definição de ética e de moral

A <u>ética</u> é parte da filosofia. Considera concepções de fundo acerca da vida, do universo, do ser humano e de seu destino, estatui princípios e valores que orientam pessoas e sociedades. Uma pessoa é ética quando se orienta por princípios e convicções. Dizemos, então, que tem caráter e boa índole.

A <u>moral</u> é parte da vida concreta. Trata da prática real das pessoas que se expressam por costumes, hábitos e valores culturalmente estabelecidos. Uma pessoa é moral quando age em conformidade com os costumes e valores consagrados. Estes podem, eventualmente, ser questionados pela ética. Uma pessoa pode ser moral (segue os costumes até por conveniência), mas não necessariamente ética (obedece a convicções e princípios).

Embora úteis, estas definições são abstratas porque não mostram o processo como a ética e a moral, efetivamente, surgem. E aqui os gregos nos podem ajudar.

Partamos dos sentidos da palavra *ethos*, donde se deriva ética. Antes de mais nada, constatamos que escreviam a palavra de duas formas diferentes. Uma vez *ethos* com *eta* (o **e** longo), significando a morada humana e também caráter, jeito, modo de ser, perfil de uma pessoa. E outra vez com o *épsilon* (o **e** curto), querendo dizer costumes, usos, hábitos e tradições.

3.2. Experiência de base: a morada humana

Como articular estas dimensões todas e não deixá-las justapostas? Como mostrar que elas são explicitações de uma experiência de base singular? Esta experiência originária precisamos desentranhá-la, pois, por certo, ela não será apenas grega, mas simplesmente humana. Nós podemos e devemos também fazê-la e assim nos habilitarmos a entender melhor o que significa ética e moral em nossa vida.

A experiência de base, de raiz, sempre válida, é constituída pela experiência da morada humana (*ethos*). Mas a morada não era e não deve ser entendida fisicamente (as quatro paredes e o teto), mas existencialmente.

Existencialmente significava e significa também para nós a teia das relações entre o meio físico e as pessoas, como aclaramos já anteriormente.

Chamavam a morada de *ethos* (com o **e** longo).

Mas para que a morada seja morada faz-se mister organizar o espaço físico (quartos, sala, cozinha, o jardim) e o espaço humano (relações entre os moradores entre si e com seus vizinhos), segundo critérios, valores e princípios inspiradores, para que tudo flua e esteja a contento. A casa possui então estilo, caráter e sua aura própria. Da mesma forma as pessoas que a habitam e que sintonizam com o jeito próprio da casa assumem um caráter singular. Os gregos chamavam tanto os princípios inspiradores e as pessoas, cujo caráter era moldado por eles, de *ethos*, escrito como casa (*ethos* com **e** longo).

Repetindo: *ethos* é então sinônimo de ética no sentido que demos acima: o conjunto ordenado dos princípios, valores e das motivações últimas das práticas humanas, pessoais e sociais. *Ethos* significa também o caráter, o modo de ser de uma pessoa ou de uma comunidade.

Ademais, na morada, os moradores têm costumes, tradições, hábitos, maneiras e usos de organizar as refeições, os encontros, as festas, os estilos de relacionamento, que podem ser tensos e competitivos, ou harmoniosos e cooperativos. A isso os gregos chamavam também de *ethos* (com **e** curto). Portanto, *ethos* são os costumes, os hábitos e os comportamentos concretos das pessoas que, depois, os latinos vão chamar de *mores*, donde se deriva moral.

3.3. Hábitos familiares, formadores da ética e da moral

Como se depreende, as palavras escondem processos bem precisos. Então processualmente assim ocorre a genealogia da ética. Tudo começa na morada (*ethos*) que pode ser a casa concreta das pessoas, ou a comunidade, a cidade, o Estado e o planeta Terra. As pessoas que moram nela têm valores, princípios, motivações inspiradoras para o comportamento (*ethos*). A esses dois momentos chamamos de *ethos* ou de ética. Ademais, na casa as pessoas não vivem de qualquer maneira: reproduzem tradições, estilos de vida, maneiras de organizar as refeições familiares, os encontros, as recepções. Esse conjunto de coisas se chama também ética, *ethos* (com **e** curto). Nós falaríamos hoje de moral, consoante a definição que estabelecemos acima.

Processualmente começando de baixo, diríamos que os costumes e os hábitos (moral) formam o caráter e conferem o perfil (ética) das pessoas. Donald Winnicott, esse grande pediatra e psicanalista britânico (1896-1967), prolongando Freud, estudou a importância das relações familiares para estabelecer o caráter das pessoas. Mas esse caráter remete a algo mais fundamental: aos valores de fundo, aos princípios, à visão de realidade que está na cabeça e no coração das pessoas. Então, essas pessoas ou as sociedades serão éticas (terão princípios e valores) se tiverem tido uma boa moral (relações harmoniosas e inclusivas) em casa, na relação primeira com a mãe, na sociedade e nas relações globalizadas hoje.

Os medievais não tinham as sutilezas dos gregos. Usavam a palavra moral (vem de *mos/mores*, costumes e hábitos) tanto para os costumes quanto para o caráter e os princípios e valores que o moldam. Tudo vinha sob o nome moral. Mas de dentro da moral distinguiam a moral teórica (filosofia moral) que estuda os princípios e as atitudes que iluminam as práticas e a moral prática que analisa os atos à luz das atitudes e estuda a aplicação dos princípios à vida.

A partir desta compreensão estaríamos habilitados a ajuizar as várias éticas e morais existentes nas culturas mundiais. Restringimo-nos à mais vigente e hegemônica hoje, à ética e à moral capitalistas. A ética capitalista diz: bom é o que permite acumular mais com menos investimento e em menos tempo possível. A moral capitalista concreta reza: empregar menos gente possível, pagar menos salários e impostos e explorar melhor a natureza para acumular mais meios de vida e riqueza.

Imaginemos como seria uma casa e sociedade (*ethos*) que tivessem tais costumes (moral/*ethos*) e produzissem caracteres humanos (*ethos*/moral) assim vorazes? Seriam ainda humanas e benfazejas à vida?

Eis uma das razões, nada irrelevante, da grave crise atual, crise de valores, crise de uma visão mais humanitária e generosa da vida, crise de ótica que gera uma crise de ética.

4. O *ethos* que procura

Foi obra da razão crítica, articulada pelos geniais filósofos Platão e Aristóteles, operar o salto do *daimon* (a percepção ética de base, ou senso moral) para o *ethos* (sistema racional de princípios). Com isso começou uma grande aventura intelectual sob cuja vigência ainda estamos, embora em seu ocaso. Com a distância de mais de dois milênios, podemos tentar uma leitura de cego, que capta a relevância, e identificar o perfil básico do *ethos* de nossa civilização.

A ética seguiu o destino da razão. A natureza da razão é procurar, e o *ethos* será um *ethos* que procura. A razão não se detém diante de nenhuma instância. Por isso ela é, essencialmente, dessacralizadora. Sua expressão acabada se encontra na razão instrumental-analítica, cujo produto maior é a tecnociência com a civilização que criou, hoje mundializada. Ela tem imenso alcance, pois trouxe um saber e um poder nunca dantes imaginados, modificando a vida, redefinindo o espaço e o tempo, nos levando para fora da Terra. Mas também limites que, não controlados, podem pôr em risco nosso futuro. Elenquemos apenas alguns.

Em primeiro lugar, esqueceu o ser (o todo) e se concentrou no ente (parte), considerando-o a "realidade" para além da qual nada mais existe. O reflexo para a ética foi que não se atendeu mais à "voz interior" (degradada a superego psicológico, a interesse de classe) para só ouvir a voz da norma e da ordem, vindas de fora, mas internalizadas.

Em segundo lugar, sendo os entes ilimitados, ilimitados são também os saberes. Mas esquece-se que são partes de um todo. Realidade fragmentada, gerou saber fragmentado e ética fragmentada em infindas morais, para cada profissão (deontologia), para cada classe e para cada cultura.

Em terceiro lugar, separou o que na realidade sempre vem junto: Deus e mundo, razão e emoção, masculino e feminino, justo e legal, privado e público. A ética foi dividida em pública e privada, ética dos interesses e dos princípios, ética dos meios e dos fins.

Em quarto lugar, o saber foi posto a serviço do poder, e o poder usado como dominação. A ética se fez instrumento de normatização do indivíduo, forçado a introjetar as leis para inserir-se na dinâmica do processo social, leis pelas quais é fiscalizado ou até punido. A sociedade se funda menos na ética e na lei do que na legalização das várias práticas pessoais e sociais aceitas oficialmente, sem se questionar a que servem, se aos interesses de dominação por parte dos poderes estabelecidos, se à sociedade que quer orientar-se pelo bem comum e pela equidade.

Em quinto lugar, fundado somente na razão crítica, o *ethos* que procura não conseguiu consensos mínimos, capazes de serem apreendidos e assumidos pelas grandes maiorias. Os imperativos categóricos como os de Kant permaneceram, infelizmente, abstratos: "trate o ser humano sempre como fim, jamais como meio", e "aja de tal maneira que a máxima de sua ação possa valer como norma para todos". São princípios da razão ilustrada, não da comum das grandes maiorias da humanidade.

Em sexto lugar, fechada apenas no âmbito da razão, a ética perdeu o horizonte da transcendência que vem do espírito e de sua obra que é a espiritualidade, aquela dimensão da consciência que permite ao ser humano sentir-se parte do todo e identificar um sentido maior de sua existência e de sua curta passagem por esse mundo. A espiritualidade está para a ética como a aura para as estrelas. Sem aura as estrelas não brilham, sem espiritualidade a ética facilmente se transforma em moralismo e em legalismo.

Em sétimo lugar, a ética perdeu o coração e o "pathos", a capacidade de sentir em profundidade o outro. Ela é solipsista, centrada em si mesma. A ética surge e se renova sempre que o outro emerge à nossa frente. Ele obriga a tomadas de posição concretas, não raro novas e inovadoras. Hoje, no processo de globalização, irrompem os muitos "outros" que devem ser acolhidos, com os quais cumpre conviver e estabelecer uma aliança para construirmos juntos a nova história planetária.

O *ethos* que procura não apresenta instrumentos internos que nos permitam dar respostas aos graves desafios atuais que têm a ver com o futuro da vida e da humanidade. Precisamos de um *ethos* que não apenas procure, mas que também ame e cuide.

5. O *ethos* que ama

Quando a razão busca até o fim encontra na raiz dela o afeto que se expressa pelo amor e, acima dela, o espírito que se manifesta pela espiritualidade. E no termo de sua busca encontra o mistério. Mistério não é o limite da razão, mas o ilimitado da razão. Por isso, o mistério continua mistério em todo conhecimento que se sente desafiado a sempre mais conhecer. A razão científica nos ratifica esse percurso. Ela começou com a matéria, chegou aos átomos, desceu mais, aos elementos subatômicos, à energia e aos campos energéticos, ao campo de Higgs, origem de todos os campos, ao *big-bang*, há 15 bilhões de anos, para terminar no vácuo quântico, o estado de energia de fundo do universo, aquela fonte alimentadora de tudo que existe, misteriosa e inominável, que o conhecido cosmólogo Brian Swimme identifica como a presença de Deus.

O mistério se revela mais imediatamente no outro. Por mais que se queira conhecê-lo e enquadrá-lo, o outro sempre se retrai para um mais além. Ele é, efetivamente, mistério vivo e desafiador que nos obriga a sair de nós mesmos e a nos posicionar diante dele.

Quando o outro irrompe à minha frente, nasce a ética. Porque o outro me obriga a tomar uma atitude prática de acolhida, de indiferença, de rechaço, de destruição. O outro significa uma pro-posta que pede uma res-posta com res-ponsa-bilidade.

O limite mais oneroso do *ethos* que procura reside em ter reservado parco lugar ao outro. O paradigma ocidental sempre teve dificuldades com o outro. Por isso, ou o incorporou, o submeteu ou o destruiu. Negando o outro, perdeu a chance da aliança, do diálogo e do mútuo aprendizado. Vigorou o paradigma da identidade sem a diferença, na esteira do pré-socrático Parmênides.

O outro faz surgir o *ethos* que ama. Paradigma deste *ethos* é o cristianismo das origens, o paleocristianismo. Este se diferencia do cristianismo histórico e de suas igrejas porque em ética foi mais influenciado pelos mestres gregos do que pela mensagem e prática de Jesus. O paleocristianismo, ao contrário, dá absoluta centralidade ao amor ao outro, para Jesus, idêntico ao amor a Deus. O amor é tão central que quem tem o amor tem tudo. Ele testemunha esta sagrada convicção de que Deus é amor (1Jo 4,8), o amor vem de Deus (1Jo 4,7) e o amor não morrerá jamais (1Cor 13,8). E esse amor é incondicional e universal, pois inclui também o inimigo (Lc 6,35). O *ethos* que ama se expressa na lei áurea, testemunhada por todas as tradições da humanidade: "ama o próximo como a ti mesmo"; "não faças ao outro o que não queres que te façam a ti".

O amor é assim central, porque, para o cristianismo, o outro é central. Deus mesmo se fez outro pela encarnação. Sem passar pelo outro, sem o outro mais outro que é o faminto, o pobre, o peregrino e o nu, não se pode encontrar Deus nem alcançar a plenitude da vida (Mt 25,31-46). Esta saída de si em direção ao outro para amá-lo nele mesmo, amá-lo sem retorno, de forma incondicional, funda um *ethos* o mais inclusivo possível, o mais humanizador que se possa imaginar. Este amor é um movimento só, vai ao outro, à natureza e a Deus.

Ninguém no Ocidente melhor do que São Francisco de Assis se transformou num arquétipo dessa ética amorosa e cordial. Comenta Eloi Leclerc, o melhor pensador franciscano de nosso tempo, sobrevivente dos campos de extermínio nazista de Buchenwald: "Em vez de enrijecer-se e fechar-se num soberbo isolamento, Francisco de Assis deixou-se despojar de tudo, fez-se pequenino, colocou-se com grande humildade no meio das criaturas. Próximo e irmão das mais humildes dentre elas. Confraternizou-se com a própria Terra, com seu húmus original, com suas raízes obscuras. E eis que a "nossa irmã e Mãe-Terra" abriu diante de seus olhos maravilhados um caminho de fraternidade e sororidade sem limites, sem fronteiras. Uma fraternidade que abrangia toda a criação. O humilde Francisco tornou-se o irmão do Sol, das estrelas, do vento, das nuvens, da água, do fogo e de tudo o que vive" (*O Sol de Assis*, Vozes, 2001, 124). Este é o resultado de um amor essencial.

O *ethos* que ama funda um novo sentido de viver. Amar o outro é dar-lhe razão de existir. Não há razão para existir. O existir é pura gratuidade. Amar o outro é querer que ele exista, porque o amor faz o outro importante. "Amar uma pessoa é dizer-lhe: tu não morrerás jamais (G. Marcel), tu deves existir, tu não podes morrer". Quando alguém ou alguma coisa se fazem importantes para o outro, nasce um valor que mobiliza todas as energias vitais. É por isso que, quando alguém ama, rejuvenesce e tem a sensação de começar a vida de novo. O amor é a fonte dos valores.

Somente esse *ethos* que ama pode responder aos desafios atuais que são de vida e de morte. Faz dos distantes próximos e dos próximos, irmãos e irmãs.

De tudo o que amamos também cuidamos. Abre-se ao *ethos* que cuida, se responsabiliza e se compadece.

6. O *ethos* que cuida

Quando amamos, cuidamos e quando cuidamos, amamos. Por isso o *ethos* que ama se completa com o *ethos* que cuida. O "cuidado" constitui a categoria central do novo paradigma de civilização que forceja por emergir em todas as partes do mundo.

A falta de cuidado no trato da natureza e dos recursos escassos, a ausência de cuidado com referência ao poder da tecnociência que construiu armas de destruição em massa e de devastação da biosfera e da própria sobrevivência da espécie humana nos está levando a um impasse sem precedentes. Ou cuidamos ou pereceremos.

O cuidado assume uma dupla função: de prevenção a danos futuros e de regeneração de danos passados. O cuidado possui esse condão: reforçar a vida, zelar pelas condições físico-químicas, ecológicas, sociais e espirituais que permitem a reprodução da vida e de sua ulterior evolução.

O correspondente ao cuidado em termos ecológico-políticos é a "sustentabilidade" que visa encontrar o justo equilíbrio entre a utilização racional das virtualidades da Terra e sua preservação para nós e para as gerações futuras. Talvez aduzindo a fábula do cuidado, conservada por Higino (†17 dC), bibliotecário de César Augusto e filósofo, entendamos melhor o significado do *ethos* que cuida.

"Certo dia, Cuidado, passeando nas margens do rio, tomou um pedaço de barro e o moldou na forma do ser humano. Nisso apareceu Júpiter e, a pedido de Cuidado, insuflou-lhe espírito. Cuidado quis dar-lhe um nome, mas Júpiter lho proibiu, querendo ele impor o nome. Começou uma discussão entre ambos.

Nisso apareceu a Terra, alegando que o barro era parte de seu corpo e que, por isso, tinha o direito de escolher um nome. Gerou-se uma discussão generalizada e sem solução.

Então todos aceitaram chamar Saturno, o velho deus ancestral, senhor do tempo, para ser o árbitro. Este deu a seguinte sentença, considerada justa:

Você, Júpiter, deu-lhe o espírito, receberá o espírito de volta quando esta criatura morrer. Você, Terra, forneceu-lhe o corpo, receberá o corpo de volta quando esta criatura morrer. E você, Cuidado, que foi o primeiro a moldar a criatura, acompanhá-la-á por todo o tempo em que ela viver.

E como vocês não chegaram a nenhum consenso sobre o nome, decido eu: chamar-se-á homem, que vem de húmus, que significa terra fértil".

Esta fábula está cheia de lições. O cuidado é anterior ao espírito infundido por Júpiter e anterior ao corpo emprestado pela Terra. A concepção corpo-espírito não é, portanto, originária. Originário é o cuidado "que foi o primeiro a moldar o ser humano". O

Cuidado o fez com "cuidado", zelo e devoção, portanto, com uma atitude amorosa. O cuidado é anterior, é o *a priori* ontológico, aquilo que deve existir antes, para que possa surgir o ser humano. O cuidado, portanto, entra na constituição do ser humano. Sem ele não é humano. Com razão, Martin Heidegger, em *Ser e tempo*, considera o cuidado a real e verdadeira essência do ser humano. Daí, como se diz na fábula, o "cuidado acompanhará o ser humano por todo o tempo em que ele viver". Tudo que fizer com cuidado revelará quem é o ser humano e será também bem feito.

O *ethos* que cuida e ama é terapêutico e libertador. Sana chagas, desanuvia o futuro, traz segurança, exorciza medos e cria esperança. Com razão diz o psicanalista Rollo May: "Na atual confusão de episódios racionalistas e técnicos, perdemos de vista o ser humano. Devemos voltar humildemente ao simples cuidado. É o mito do cuidado, e somente ele que nos permite resistir ao cinismo e à apatia, doenças psicológicas de nosso tempo" (*Eros e repressão*, Petrópolis: Vozes, 1982, 340).

7. O *ethos* que se responsabiliza

Os limites da Terra em sustentar a voracidade do crescimento mundial e o correspondente consumismo se encontram em rápida fase de esgotamento. Para operar uma autêntica virada não bastam os apelos dos organismos mundiais que estudam o estado da Terra nem as diretrizes governamentais.

Faz-se urgente uma verdadeira revolução molecular a partir das consciências dos filhos e filhas angustiados de nosso Planeta. O *ethos* que procura, dominante no mundo, não tem condições de sozinho fornecer os instrumentos para um salto de qualidade. Ele se desmoralizou porque não conseguiu evitar o genocídio dos indígenas latino-americanos, o holocausto nazifascista, os gulags soviéticos, as armas de destruição em massa, as guerras de prevenção recentes e a devastação do modo de produção capitalista com a geração crescente de miséria e exclusão. Consegue se impor não por argumentos mas pela força. Uma convicção surge nas consciências mais despertas: ou a civilização planetária deixa de ser prevalentemente ocidental ou vai deixar de existir. Somos obrigados a desenvolver um *ethos* de ilimitada responsabilidade por tudo o que existe e vive, como condição de sobrevivência da humanidade e de seu habitat natural.

Responsabilidade é a capacidade de dar respostas eficazes (*responsum* em latim, donde vem responsabilidade) aos problemas que nos chegam da realidade complexa atual. E só o conseguiremos com um *ethos* que ama, cuida e se responsabiliza. Responsabilidade surge quando nos damos conta das consequências de nossos atos sobre os outros e a natureza. Hans Jonas, o filósofo do "princípio de responsabilidade", formulou assim o imperativo categórico: "Aja de tal maneira que as consequências de suas ações não sejam destrutivas da natureza, da vida e da Terra". Este imperativo vale especialmente para a biotecnologia e aquelas operações que intervêm diretamente no código genético dos seres humanos, de outros seres vivos e de sementes transgênicas. O universo trabalhou 15 bilhões de anos e a biogênese 3,8 bilhões para ordenar as informações que garantem a vida e seu equilíbrio. Nós, numa geração, queremos já controlar esses processos complexíssimos, sem medirmos as consequências de nossa ação. Por isso, o *ethos* que se responsabiliza impõe a precaução e a cautela como comportamentos éticos básicos.

Esse *ethos* propõe algumas tarefas prioritárias. Quanto à sociedade, cumpre deslocar o eixo da competição, que usa a razão calculista, para o eixo da cooperação, que usa a razão cordial. Com referência à economia, importa passar da acumulação de riqueza para a produção do suficiente e decente para todos. Quanto à natureza, urge celebrar uma aliança de sinergia entre a utilização racional do que precisamos e a preservação do capital natural. Quanto à atmosfera espiritual de nossas sociedades, importa passar da magnificação da violência, especialmente na mídia, para uma cultura da paz e do cultivo do bem comum.

A responsabilidade revela o caráter ético da pessoa. Ela se percebe corresponsável junto com as forças diretivas da natureza pelo futuro da vida e da humanidade. Ao assumirmos responsavelmente nossa parte, até os ventos contrários ajudam a conduzir a Arca salvadora ao porto.

8. O *ethos* que se solidariza

Vivemos tempos de grande barbárie, porque é extremamente parca a solidariedade entre os humanos. 1,4 bilhão de pessoas vivem com menos de um dólar por dia. Dois terços destes são constituídos pela humanidade futura: crianças e jovens com menos de 15 anos, condenados a consumir 200 vezes menos energia e matérias-primas do que seus irmãos e irmãs norte-americanos. Mas quem pensa neles? Os países opulentos não têm o mínimo senso de solidariedade, pois destinam menos de 1% de sua riqueza interna para debelar este flagelo. Para enfrentar este descalabro humano faz-se urgente uma revolução ética mais que uma revolução política, vale dizer, despertar um sentimento profundo de irmandade e de familiaridade que torne intolerável essa desumanização e impeça os vorazes dinossauros do consumismo de continuarem em seu vandalismo individualista. Precisamos, pois, de um *ethos* que se solidarize com todos estes caídos na estrada.

A solidariedade está inscrita, objetivamente, no código de todos os seres. Pois todos somos interdependentes uns dos outros. Coexistimos no mesmo cosmos e na mesma natureza com uma origem e um destino comuns. Cosmólogos e físicos quânticos nos asseguram que a lei suprema do universo é a da solidariedade e da cooperação de todos com todos. A própria lei da seleção natural de Darwin, formulada em vista dos organismos vivos, deve ser pensada no interior desta lei maior. Ademais, os seres lutam não apenas para sobreviver, mas para realizar virtualidades presentes em seu ser. Ao nível humano, ao invés da seleção natural, devemos propor o cuidado e o amor. Assim todos podem ser incluídos, também os mais fracos, e se evita que sejam eliminados em nome dos interesses de grupos ou de um tipo de cultura que reafirma sua identidade acima da dignidade e do direito dos outros.

A solidariedade se encontra na raiz do processo de hominização. Nossos ancestrais homínidas ao saírem em busca do alimento não o consumiam individualisticamente, mas o traziam ao grupo para reparti-lo solidariamente. Foi a solidariedade que permitiu o salto da animalidade à humanidade e à criação da socialidade que se expressa pela fala. Todos devemos nossa existência ao gesto solidário de nossas mães que nos acolheram na vida e na família.

Esses dados objetivos devem ser assumidos subjetivamente como projeto da liberdade que opta pela solidariedade como conteúdo das relações entre todos. A solidariedade política ou será o eixo articulador da geossociedade mundial ou não haverá, a longo prazo, futuro para ninguém, solidariedade a ser construída a partir de baixo, das vítimas dos processos sociais e dos sofredores. O imperativo soa: "Solidariza-te com todos os seres, teus companheiros de aventura planetária e cósmica, especialmente com os mais prejudicados, para que todos possam ser incluídos em teu cuidado". Importa também alimentar a solidariedade para com as gerações futuras, pois elas também têm direito a uma Terra habitável.

Nossa missão é cuidar dos seres, ser os guardiães do patrimônio natural e cultural comum, fazendo com que a biosfera continue um bem de toda vida e não apenas nosso. Por causa do *ethos* que se responsabiliza, veneramos cada ser e cada forma de vida.

9. O *ethos* que se compadece

O *ethos*, para ser plenamente humano, precisa incorporar a compaixão. Há muito sofrimento na história, sangue demasiado em nossos caminhos e interminável solidão de milhões e milhões de pessoas, carregando sozinhas, em seu coração, a cruz da injustiça, da incompreensão e da amargura. O *ethos* que se compadece quer incluir a todos esses que, no fundo, é cada um de nós, no *ethos* humano, vale dizer, na casa humana, onde há acolhida e onde as lágrimas podem ser choradas sem vergonha ou enxugadas carinhosamente.

Mas precisamos, antes, fazer uma terapia da linguagem, pois compaixão possui, na compreensão comum, conotações negativas que lhe roubam o conteúdo altamente positivo. Consoante essa compreensão comum, ter compaixão significa ter peninha do outro, sentimento que o rebaixa à condição de desamparado, sem energia interior para erguer-se. Então nos com-padecemos dele e nos con-doemos de sua situação. Assim, por exemplo, no faminto (e são bilhões na humanidade) vê apenas a fome de pão. Não vê que simultaneamente existe nele a fome de beleza que grita por se realizar e que com nossa solidariedade poderia ser saciada.

Poderíamos também entender a com-paixão no sentido do paleocristianismo (o cristianismo originário antes de se constituir em igrejas), sentido altamente positivo. Ter miseri-cór-dia equivale a ter um coração (*cor*) capaz de sentir os *míseros* e sair de si para socorrê-los. Atitude que a própria palavra com-paixão sugere: compartir a paixão do outro e *com* o outro, sofrer *com* ele, alegrar-se *com* ele, andar o caminho *com* ele. Mas essa acepção historicamente não conseguiu se impor. Predominou aquela moralista e menor de quem olha de cima para baixo e descarrega uma esmola na mão do sofredor. Mostrar misericórdia equivaleria a fazer "caridade" ao outro, caridade esta criticada pelo poeta cantante argentino Atauhalpa Yupanqui: "Eu desprezo a caridade pela vergonha que encerra. Sou como o leão da serra que vive e morre em soledade".

Diferente, entretanto, é a concepção budista de com-paixão. Talvez seja a compaixão uma das maiores contribuições éticas que o Oriente oferece à humanidade. Compaixão tem a ver com questão básica que deu origem ao budismo como caminho ético e espiritual. A questão é: qual é o melhor meio para libertar-nos do sofrimento? A resposta de Buda é: "pela com-paixão, pela infinita com-paixão".

O Dalai-Lama atualiza essa ancestral resposta assim: "Ajude os outros sempre que puder e, se não puder, jamais os prejudique" (*O Dalai-Lama fala de Je-*

sus, Fisus, 1999, 214). Esta compreensão coincide com o amor e o perdão incondicionais propostos por Jesus.

A "grande com-paixão" (*karuna* em sânscrito) implica duas atitudes: desapego de todas as coisas e cuidado para com todas as coisas. Pelo desapego nos distanciamos das coisas, renunciando à posse delas, e aprendemos a respeitá-las em sua alteridade e diferença. Pelo cuidado nos aproximamos das coisas para entrar em comunhão com elas, responsabilizar-nos pelo bem-estar delas e socorrê-las no sofrimento.

Eis um comportamento solidário que nada tem a ver com a pena e a mera "caridade" assistencialista. Para o budista o nível de desapego revela o grau de liberdade e maturidade que a pessoa alcançou. E o nível de cuidado mostra o quanto de benevolência e responsabilidade a pessoa desenvolveu para com todas as coisas. A com-paixão engloba as duas dimensões. Exige, pois, liberdade, altruísmo e amor.

O *ethos* que se compadece não conhece limites. O ideal budista é o *bodhisattva*, aquela pessoa que leva tão longe o ideal da com-paixão que se dispõe a renunciar ao nirvana e mesmo aceita passar por um número infinito de vidas só para poder ajudar os outros em seu sofrimento. Esse altruísmo se expressou na oração do *bodhisattva*: "Enquanto durar o tempo, persistir o espaço e houver pessoas que sofrem, quero eu também durar até libertá-las do sofrimento". A cultura tibetana expressa esse ideal através da figura de Buda dos mil braços e dos mil olhos. Com eles pode, com-passivo, atender a um número ilimitado de pessoas.

O *ethos* que se compadece, na percepção budista, nos ensina também como deve ser nossa relação com a natureza: primeiro respeitá-la em sua alteridade, depois cuidar dela. Só então usá-la, na justa medida, para o nosso proveito.

À "guerra infinita" da demência atual devemos opor a "com-paixão infinita" da sapiência budista. Utopia? Sim, mas é a maneira melhor de mostrarmos a nossa verdadeira humanidade, feita de com-paixão e de cuidado. Ela se traduz por um *ethos* que sabe compadecer-se de todos os que vivem e sofrem, para nunca ficarem sozinhos em seu sofrimento.

10. O *ethos* que integra

A ética é da ordem da prática e não da teoria. Por isso são importantes as figuras exemplares que testemunharam em suas vidas a realização de uma ética coerente. Somente exemplos luminosos são realmente convincentes.

Para nós no Ocidente, a figura de mais transparência é Francisco de Assis, considerado o "primeiro depois do Único" ou "o último cristão". Orientou sua vida não pelo modelo imperial de Igreja vigente em seu tempo nem pela dogmática eclesiástica, mas pela experiência evangélica, pela inserção nos meios pobres e por uma nova relação amorosa com a comunidade de vida. Isso permitiu resgatar o vigor do paleocristianismo, vale dizer, do cristianismo das origens jesuânicas e apostólicas.

Em São Francisco emerge poderosamente, sem que tivesse consciência elaborada disso, uma fecunda experiência do *ethos* seminal, quer dizer, uma forma nova de organizar e de encher de valores a morada humana (*ethos*). A novidade reside na irrestrita inclusão de todos, a começar por aqueles que eram mais excluídos como os hansenianos, ou à margem como os servos da gleba e os pobres em geral, abrindo-se também para acolher como irmãos e irmãs todas as criaturas, as árvores, os animais, o sol e a lua, numa palavra, o inteiro universo. Na experiência ética de Francisco se realizam, de forma eminente, as várias expressões do *ethos* que temos analisado anteriormente.

Nele surpreendemos o *ethos que procura*. De família rica, procurou com extrema intensidade, primeiro ser herói de cavalaria, depois monge beneditino, por fim penitente. Insatisfeito escolhe a "via da simplicidade" que consiste em tomar o evangelho em sua letra e vivê-lo sem glosa e comentário, como fonte inspiradora de um novo *ethos*. Francisco se dá conta do inusitado deste propósito. Por isso diz claramente: "O Senhor me revelou a sua vontade de que fosse um *novo louco no mundo*" (*novellus pazzus*). É louco face aos sistemas que abandona, o burguês emergente, o feudal decadente, o religioso-monacal vigente. Mas não é louco face ao novo *ethos* que inaugura. Conforme o primeiro biógrafo da época, Tomás de Celano, Francisco compareceu como "um homem de um novo século"; nós diríamos, "de um novo paradigma". O que aqui é dito soa extremamente contemporâneo, já que estamos à procura de um novo caminho civilizatório e de um novo horizonte de esperança para a humanidade.

É um representante singular do *ethos que ama*. À semelhança do grande místico sufi Rumi, contemporâneo de Francisco, mas vivendo na antiga Pérsia, no atual Afeganistão, testemunha a mística do amor e do enamoramento de Deus como nunca houve antes na história do Ocidente e do Médio Oriente. Tomado pelo impulso do amor, Francisco saía pelos bosques a chorar até se lhe incharem os olhos, gritando: "O Amor não é amado, o Amor não é amado". Resgatou o amor telúrico, à Terra, a cada ser da criação, à mulher amada Clara. Seu lema é "Deus meus et omnia" (Meu Deus e todas as coisas). Deus não quer que amemos apenas a ele, mas quer que amemos todas as criaturas. O amor é um movimento único que abraça a todos.

Viveu exemplarmente o *ethos que cuida*. Cuidava das abelhas no inverno para que não morressem de fome, cuidava para que as árvores não fossem cortadas de forma a impedir sua regeneração, cuidava em libertar os passarinhos das gaiolas. Pedia até que seus companheiros cuidassem, num canto do jardim, das ervas daninhas, porque, do jeito delas, também louvavam a Deus.

É um arquétipo do *ethos que se compadece*. Foi morar no meio dos hansenianos, beijava-os e dava-lhes comida na boca, dividia tudo com os pobres, até a roupa do corpo, e compadecia-se de suas próprias dores, chamando-as de irmãs e a morte, de irmã morte.

Testemunhou o *ethos que se solidariza*. Vive em extrema pobreza, mas, por cálida solidariedade, quer que se providencie tudo ao irmão doente, rompe o jejum rigoroso para ser solidário com o companheiro que grita de noite "morro de fome". Na cruzada, no norte do Egito, se solidariza com os "irmãos maometanos" e rompe as fronteiras entre as tropas cristãs e muçulmanas e vai ao encontro do sultão. Mostra-se solidário com ele, admirado por sua piedade e sabedoria de governo.

Por fim, mostrou concretamente o *ethos que se responsabiliza*. Face às guerras entre os burgos, instaura a "legatio pacis", o movimento pela paz, reconciliando as partes. Promove um encontro entre o bispo de Assis e o prefeito, considerados inimigos figadais. Proíbe aos companheiros usar armas, dinheiro e títulos, fontes de conflitos. Renuncia a todas as funções, continuando leigo (no fim da vida deixou-se ordenar diácono para continuar a pregar, já que havia uma proibição estrita contra as pregações de leigos) para ficar junto do povo e dos pobres. Quer uma fraternidade sociocósmica a partir dos últimos.

O pobrezinho de Assis integra em sua vida o *ethos* no sentido originário: fez deste mundo a morada benfazeja do ser humano. A expressão suprema do mundo feito *ethos* se encontra no admirável *Cântico ao Irmão Sol*. Nele não temos a ver apenas com um discurso poético-religioso sobre as coisas.

Elas servem de vestimenta para um discurso mais profundo, aquele do inconsciente que tocou o seu Centro e com ele o Mistério de ternura que integra todas as coisas. Os elementos cantados como o Sol e a Terra, o fogo e a água, as plantas e o vento e mesmo a morte, chamada de irmã, se transfiguraram em símbolos de uma total integração, articulando a ecologia exterior (os elementos naturais) com a ecologia interior (o caráter simbólico deles na psiqué). O Cântico é a expressão acabada da completa integração da nossa dimensão de céu com nossa dimensão de terra.

A ética se transfigura, então, em mística, experiência abissal do Ser. Assim como uma estrela não brilha sem aura, assim também uma ética não ganha vigência sem uma visão mística e encantada do mundo, onde a Terra e o Céu e todos os elementos que surgem do casamento entre eles brilham, se transformam em valor e em sinal de um mundo de bondade, possível aos filhos e filhas da Mãe Terra que São Francisco nos ensinou a amar como irmã e mãe.

III

Virtudes cardeais de uma ética planetária

1. Bem comum para toda a comunidade de vida

Um dos efeitos mais avassaladores do capitalismo globalizado e de sua ideologia política, o neoliberalismo, é a demolição da noção de bem comum ou de bem-estar social.

É notório que as sociedades civilizadas se construíram e continuam se construindo sobre duas pilastras fundamentais: a participação dos cidadãos (cidadania ativa) e a cooperação de todos. Juntas criam o bem comum. Mas este foi enviado ao limbo das preocupações políticas. Em seu lugar, entraram as noções de rentabilidade, de flexibilização, de adaptação e de competitividade. A liberdade do cidadão é substituída pela liberdade das forças do mercado; o bem comum, pelo bem particular e a cooperação, pela competitividade.

A participação e a cooperação asseguravam a existência de cada pessoa e a vigência dos direitos. Negados esses valores, a existência de cada um não está mais socialmente garantida nem seus direitos afiançados. Logo, cada um se sente constrangido a garantir o seu. Assim surge um individualismo avassalador. Ele se revela na linguagem cotidiana: o meu emprego, o meu salário, a minha casa, o meu carro, a minha família. Ninguém é levado, portanto, a construir algo em comum. A única coisa em comum que resta é a guerra de todos contra todos em vista da sobrevivência individual. E hoje, na política mundial, o combate implacável ao terrorismo.

Neste contexto, quem vai pensar o destino comum da espécie humana e da única casa coletiva, a Terra? Quem cuidará do interesse geral dos 6,3 bilhões de pessoas? O neoliberalismo é surdo, cego e mudo a esta questão fundamental. Seria contraditório suscitá-la, pois defende concepções políticas e sociais diretamente em oposição ao bem comum.

Seu propósito básico é: o mercado tem que ganhar e a sociedade deve perder. Pois é o mercado que vai regular e resolver tudo. Se assim é, por que vamos construir coisas em comum? Deslegitimou-se o bem-estar social.

Ocorre, entretanto, que o crescente empobrecimento mundial resulta das lógicas excludentes e predadoras da atual globalização competitiva, liberalizadora, desregulamentadora e privatizadora. Quanto mais se privatiza, mais se legitima o interesse particular em detrimento do interesse geral, além de enfraquecer o Estado, o gerenciador do interesse geral. É o triunfo do *killer* (assassino) capitalismo.

Quanto de perversidade social e de barbárie aguenta o espírito?

Que é o bem comum? No plano infraestrutural é o acesso justo de todos aos bens básicos como alimentação, saúde, moradia, energia, segurança e comunicação. No plano humanístico é o reconhecimento, o respeito e a convivência pacífica. Pelo fato de ter sido desmantelado sob a virulência da globalização competitiva, o bem comum deve agora ser reconstruído. Para isso, importa dar hegemonia à cooperação e não à competição. Sem essa mudança, dificilmente se manterá a comunidade humana unida e com um futuro que valha a pena.

Contextualizando para os tempos atuais estas reflexões, constatamos com entusiasmo que essa reconstrução do bem comum constitui o núcleo do projeto político do PT e do Presidente Lula, eleito em 2002. Entrou pela porta certa: Fome Zero. Colocou o fundamento seguro: a repactuação social a partir dos valores da cooperação e a boa vontade de todos. Afirma uma convicção humanística de base: não há futuro a longo prazo para uma sociedade fundada sobre a falta de justiça, de igualdade, de fraternidade, de cuidado e de cooperação. Ela nega o anseio mais originário do ser humano, desde que emergiu na evolução, milhões de anos atrás. Lula articula esse anseio ancestral e é daí que haure sua força convocatória. Se não for o PT e Lula, serão outros atores em outros tempos que o farão. Mas esse sonho humanitário passa por ele e pelas esperanças históricas que suscitou.

O bem comum não pode ser concebido antropocentricamente. Com a compreensão que desenvolvemos hoje em dia acerca das inter-retro-conexões do ser humano com seu meio natural e cultural, devemos incluir também a natureza com seus ecossistemas e a própria Terra-Gaia, superorganismo vivo na construção do bem comum. Todos os seres, especialmente os vivos, possuem certa subjetividade, pois são sujeitos de inter-relações, situam-se ativamente no processo cosmogênico e biogênico e, por isso, possuem história. Nós, enquanto humanos, somos um elo, embora singular, da corrente da vida. Possuímos os mesmos constituintes físico-químicos com os quais se constrói o código genético de todo o vivente. Daí se deriva um parentesco objetivo com a comunidade de vida. Esse é o fundamento para ampliarmos a personalidade jurídica às montanhas, aos rios, às florestas, aos animais e a todos os demais organismos vivos. Eles possuem direitos de ser e devem ser respeitados em sua alteridade e singularidade.

Em razão desta compreensão, o bem comum não pode ser apenas humano, mas de toda a comunidade terrenal e biótica com quem compartimos a vida e o destino. A economia política não pode cuidar apenas do bem-estar material dos seres humanos, mas de todos os demais seres que precisam ter água não contaminada, solos não envenenados, ar despoluído e nutrientes de qualidade. Sem essa ampliação da democracia, que será então sociocósmica, o nosso bem comum não será suficiente nem adequado.

Cooperação se reforça com mais cooperação, pois aqui reside a seiva secreta que alimenta e revigora permanentemente o bem comum.

2. Autolimitação: virtude ecológica

O pavor suscitado pelo lançamento de bombas atômicas sobre Hiroshima e Nagasaki, em 1945, foi tão profundo que mudou o estado de consciência da humanidade. Introduziu-se a perspectiva de destruição em massa, acrescida posteriormente com a fabricação de armas químicas e biológicas, capazes de ameaçar a biosfera e o futuro da espécie humana.

Antes, os seres humanos se permitiam fazer guerras convencionais, explorar os recursos naturais, desmatar, jogar lixo nos rios e gases na atmosfera, e não havia grandes modificações ambientais. A consciência tranquila assegurava que a Terra era inesgotável e invulnerável e que a vida continuaria a mesma e para sempre em direção ao futuro.

Esse pressuposto não existe mais. Mais e mais nos damos conta daquilo que a *Carta da Terra* atesta: "Estamos diante de um momento crítico na história da Terra, numa época em que a humanidade deve escolher o seu futuro... ou formar uma aliança global para cuidar da Terra e uns dos outros, ou arriscar a nossa destruição e a da diversidade da vida".

Esse documento, já assumido pela Unesco em 2000, representa a nova perspectiva planetária, ética e ecológica da humanidade Os fatos que sustentam o alarme são irrecusáveis: só temos essa Casa Comum para habitar; seus recursos são limitados, muitos não renováveis; a água doce é o bem mais escasso da natureza (só 0,7% é acessível ao uso humano); a energia fóssil, o petróleo, motor do desenvolvimento moderno, tem dias contados; e o crescimento demográfico é ameaçador.

Ultrapassamos já em 20% a capacidade de suporte e reposição da biosfera. Querer generalizar para toda a humanidade o tipo de desenvolvimento hoje imperante demandaria outros três planetas iguais ao nosso. A grande maioria não pensa em tais coisas, pois parece-lhe insuportável lidar com os limites e eventualmente com o desastre coletivo, possível ainda em nossa geração.

Esses problemas são graves. Mas há ainda um maior: a lógica do sistema mundial de produção e a cultura consumista que ele gerou. Ele diz: devemos produzir mais e mais, sem impor limites ao crescimento, para podermos consumir mais e mais, sem limites à cesta de ofertas. A consequência imediata desta opção é uma dupla injustiça: a ecológica, com a depredação da natureza, e a social, com a gestação de desigualdades. Pode-se dividir a humanidade entre aqueles que comem à tripa forra e os que comem insuficientemente, condenados a todo tipo de doenças da pobreza, à marginalidade e à exclusão.

Se quisermos garantir um futuro comum da Terra e da humanidade, impõem-se as virtudes cardeais imprescindíveis: a busca do bem comum, a autolimitação e a justa medida, todas elas expressões da cultura do cuidado e da responsabilidade. Mas como postular essas virtudes se todo o sistema social mundial funciona negando tais virtudes?

Desta vez, porém, não há escolha: ou mudamos e nos pautamos pelo cuidado e pela responsabilidade coletiva, autolimitando-nos em nossa voracidade e vivendo a justa medida em todas as coisas na perspectiva do bem comum humano e ambiental, ou enfrentaremos uma tragédia sem precedentes.

A autolimitação significa um sacrifício necessário que salvaguarda o Planeta, tutela interesses coletivos e funda uma cultura da simplicidade voluntária. Não se trata de não consumir, mas de consumir de forma responsável e solidária para com os seres humanos e os demais seres vivos de hoje e que virão depois de nós. Eles também têm direito à Terra e a uma vida com qualidade.

3. Justa medida: fórmula secreta do universo e da felicidade

A cultura imperante é em tudo excessiva. Não tem o sentido da autolimitação nem o senso da justa medida. Por isso está em crise, perigosa para o seu próprio futuro. O desafio é: qual é a justa medida que preserva o capital natural e a sobrevivência da biosfera?

A justa medida é o ótimo relativo, o equilíbrio entre o mais e o menos. Por um lado, a medida é sentida negativamente como limite às nossas pretensões. Daí nasce a vontade e até o prazer de violar o limite. Por outro, é sentida positivamente como a capacidade de usar, de forma moderada, as potencialidades para durarem mais. Isso só é possível quando se encontra a justa medida.

Se repararmos bem, a justa medida é a fórmula secreta pela qual o universo se organizou e garantiu seu equilíbrio até os dias de hoje. Se, após o *big-bang*, as forças de expansão não tivessem sido contidas pela energia gravitacional, todos os elementos ter-se-iam difundido até se diluírem no espaço infinito. Então não teria havido a condensação dos gases, a formação das estrelas, dos planetas, da Terra e nós não estaríamos aqui para refletir sobre tudo isso. Se a força gravitacional tivesse predominado e se os materiais todos tivessem regressado sobre si mesmos, teriam explodido em cadeias sucessivas e o universo e nós não teríamos surgido. Mas, ao contrário, tudo se processou na justa medida. Instaurou-se um equilíbrio dinâmico e sutil entre expansão e condensação, de sorte que pudessem surgir corpos densos, seres vivos e complexos como os animais e nós mesmos.

Esta justa medida está ancorada em nosso profundo, nos arquétipos ancestrais que orientam nossa vida. Eles ganham corpo em todas as produções humanas, fazendo que sejam belas e harmônicas, por causa do justo equilíbrio que nelas se estabeleceu.

Não é de estranhar que, por exemplo, as culturas da bacia mediterrânea, que tanto influenciaram a nossa, como a egípcia, a grega, a latina e a hebraica, tenham postulado sempre a busca da justa medida como fonte construtora de equilíbrio social. Essa era e é também a preocupação central do budismo e da filosofia ecológica do Feng-Shui chinês. Para todas, o símbolo maior era a balança e as respectivas divindades femininas, tutoras da justa medida.

A deusa Maat dos egípcios cuidava para que tudo fluísse equilibradamente. Mas os sábios egípcios cedo entenderam que a justa medida exterior só se alcança a partir da justa medida interior. Sem a convergência da Maat interior com a exterior, perdemos a justa medida, vale dizer, o equilíbrio, e nos mostramos destrutivos.

Uma das características fundamentais da cultura grega foi a busca insaciável da medida em tudo (*métron*). Clássica é a formulação: "*méden ágan*", "nada em excesso". Essa medida justa se vê realizada em todas as grandes obras artísticas dos gregos, na escultura, na arquitetura, no teatro e na filosofia. Desta herança nos alimentamos ainda nos dias de hoje.

A deusa Nêmese, venerada por gregos e latinos, representava a justa medida na ordem divina e humana. Todos os que ousassem ultrapassar a própria medida (chamada de *hybris* = autoafirmação arrogante) eram imediatamente fulminados por Nêmese. Assim acontecia com os campeões olímpicos que, à semelhança dos dias atuais, se deixavam endeusar pelos fãs, ou os filósofos e os artistas que permitiam a excessiva exaltação de suas vidas e obras.

A Bíblia hebraico-cristã funda a medida justa no reconhecimento do limite intransponível entre Criador e criatura. A criatura jamais será como Deus. Essa era a pretensão de nossos ancestrais no paraíso terrenal. Imaginavam que o conseguiriam caso comessem do fruto proibido. Comeram dele, ultrapassaram o limite imposto, não viraram Deus e foram expulsos do paraíso.

Pecado é recusar o limite, é não reconhecer a condição de criatura. Apesar da expulsão, permaneceu o imperativo da justa medida na forma do "cultivar e guardar" o jardim do Éden, vale dizer, de viver a ética do cuidado. Por detrás de "cultivar" ressoa sempre " culto" e " cultura" que sinalizam o trato respeitoso da Terra (culto). E por detrás de "guardar", o aproveitamento sustentável de seus recursos para atender necessidades humanas e não para fins de acumulação.

Na linguagem bíblica, ser "imagem e semelhança de Deus" significa ser o representante e o lugar-tenente de Deus no meio da criação. Como tal, deve prolongar o ato criador divino, criando também com a mesma benevolência com que Deus criou toda as coisas ("e viu que tudo era bom"). O efeito final das intervenções, sob a justa medida, é a cultura, como hominização e humanização da natureza.

A justa medida é exigida em dois campos importantes da atividade humana atual: na ecologia e na biotecnologia. Na ecologia se coloca continuamente a questão: qual é a medida justa de intervenção na natureza para satisfazer nossas necessidades e, ao mesmo tempo, conservar o capital natural de modo que ele possa se regenerar e perdurar indefinidamente?

Aqui precisamos de sabedoria e juízos prudenciais para não colocar sob estresse a biosfera. No campo da biotecnologia precisamos nos perguntar: qual a justa medida na manipulação do código genético humano? Ela surge quando o ser humano entra numa profunda comunhão com a própria vida. Então captará a vida como a irrupção mais complexa e misteriosa do processo da evolução. Ela demanda respeito e reverência. Precisa continuamente de cuidado para se manter e coevoluir.

O corpo de geneticistas deve entrar no laboratório de experimentação como quem entra num templo e operar processos como quem faz uma liturgia. Caso contrário poderão pôr em risco o futuro da vida. A vida não é uma mercadoria. Por isso a pesquisa não se ordena ao lucro, mas ao melhoramento da própria vida.

Aprendamos dos antigos como sanar a crise civilizacional: vivendo sem excesso, na justa medida e no cuidado essencial para com tudo o que nos cerca.

IV
Guerra e Paz

1. Ameaça da paz: o imperialismo globalizado

O Ocidente sempre teve uma obsessão persistente: levar sua cultura e sua visão de mundo a todos os povos da Terra. Primeiro quiseram-no os gregos. E Alexandre Magno chegou até a Índia, com o propósito de conquistar os "bárbaros" e trazê-los à civilização. Depois sucederam-no os romanos que criaram um império milenar, submetendo os povos e integrando-os em sua cultura, considerada a melhor. Sucederam-nos os cristãos. Ensaiaram até o fracassado Império Romano-Germânico. Eles sempre quiseram e até hoje querem levar salvação ao mundo inteiro. Primeiro, pela missão cristã e, depois, ao secularizar-se, pela política e pela guerra de conquista colonial. Isto significou impor, por bem ou por mal, os valores e as instituições ocidentais a todos os povos submetidos. Esse propósito fundou o clássico imperialismo ocidental (neologismo introduzido em 1870 na Grã-Bretanha) em suas várias formas.

Traço característico do imperialismo é não ter limites. Sua lógica leva a conquistar tudo e a todos, o espaço físico, as esferas todas da vida, as mentes e os corações dos povos. E, não contente, invoca o mandato divino como o "destino manifesto" norte-americano ou o "requerimento" dos colonizadores ibéricos. Em nome da missão levou-se o terror a todos os Continentes, impôs-se a uniformização da cultura, instaurou-se o modo ocidental de organizar a sociedade e implantou-se a religião cristã ("dilatar a fé e o império").

O Presidente dos EUA, George W. Bush, resgatou, nos dias atuais, tanto a vertente religiosa quanto a política do imperialismo, conferindo-lhe caráter planetário. *Religiosamente* entende os Estados Unidos como o "segundo povo eleito" com a missão de destruir o eixo do mal. E *politicamente* quer salvar o mundo ao configurar a globalização com os valores típicos da cultura norte-americana, segundo ele, a melhor e a mais racional possível. Imbuído desta convicção messiânica, aparece em público de peito inflado, passos largos, gestos triunfantes e ares de césar glorioso ou de rei-sol (de araque).

Esse novo imperialismo não se baseia mais no território, mas nos interesses globais. Em nome deles, Bush se reserva o direito de intervir quando quiser e lá onde achar que esses interesses estejam sendo ameaçados, como foi o caso do Iraque.

Em seu discurso programático à nação, de 17 de setembro de 2002, Bush ressuscitou o poder absolutista e imperial ("o que conta é o que nós queremos") e declara a guerra preventiva como instrumento de ordem no mundo.

Três valores Bush quer globalizar: a liberdade, a democracia e o livre comércio. Valores preciosos, mas deturpados pela versão capitalista deles. A liberdade é entendida como independência individual sem ligação social. Significa liberdade para ganhar dinheiro e acumular, a mais não poder, sem qualquer escrúpulo. Democracia é a delegatícia e formal, só funciona na esfera política, mas não na econômica, na escola e na vida, como valor universal. O livre comércio é efetivamente livre para os mais fortes, que impõem a sua lógica de pura competição, sem qualquer cooperação, absorvendo os mais fracos ou eliminando-os friamente.

O sonho americano à la Bush é transformar o Globo num imenso mercado comum, onde tudo vira mercadoria: o capital material (bens) e o capital simbólico (valores), onde tudo é racionalmente administrável, também aquilo que não é administrável em si como o afeto, a amizade, o amor, o envelhecimento, a imagem e a morte.

O imperialismo ocidental é a nossa doença, porque continuamos a achar que somos os melhores e rebaixamos os outros, perdendo a oportunidade de aprender deles. Mas também criamos, a duras penas, um antídoto que é a autocrítica. Demo-nos conta do mal que temos feito aos povos e a nós mesmos. Afinal, somos uma cultura e uma religião entre outras. A cura reside no diálogo incansável, na abertura aos outros, na troca que nos enriquece e nos faz humildes.

A recusa ao diálogo, a satanização do outro e a arrogância produzem tragédias. Apesar de cansados, ainda acreditamos que a paz perpétua seja possível, mediante aquelas virtudes que sempre negamos. Mas elas irão triunfar um dia. Haverá esse dia bem-aventurado. Sem essa esperança, nada mais faria sentido. Seria a escuridão, sem os sinais da alvorada.

2. Terrorismo: a guerra dos ofendidos

O terrorismo percorre o mundo como um fantasma a meter medo generalizado. Em cidades como Rio de Janeiro, tem-se a impressão de que, em certos dias, o terrorismo tomou conta da cidade. Traficantes se assenhoram de bairros inteiros, impondo seus comandos e colocando sinais inequívocos de seu poder. Seus chefões alegam vingança contra o terror policial a comunidades carentes e contra a corrupção generalizada da política.

Sintoma do medo generalizado: um árabe, em Nova York, pede uma informação a um policial e este o prende, imaginando ser um terrorista. Depois se verifica ser um simples cidadão inocente. Um avião sai de Houston em direção a Dallas. Alguns passageiros imaginam que há homens armados a bordo. É o suficiente para acionar o alarme e caças de guerra F-16 escoltam o avião de volta. Com frequência o Governo alarma a nação, anunciando a iminência de atentados e alimentando a paranoia já vulgarizada.

Esta fenomenologia mostra a singularidade do terrorismo: a ocupação das mentes. Nas guerras e guerrilhas precisa-se ocupar o espaço físico para efetivamente triunfar. No terror não. Basta ocupar as mentes, ativar o imaginário, internalizar o medo.

Os norte-americanos ocuparam fisicamente o Afeganistão dos talibãs. Mas os talibãs ocuparam psicologicamente as mentes dos norte-americanos. Fizeram dos EUA uma nação ocupada pelo medo, do Governo ao simples cidadão. Quem venceu? Certamente aquele que mantém o outro refém de sua estratégia. Portanto, vence quem domina as mentes e não quem, simplesmente, conquista o espaço. A profecia de Osama Bin Laden, de 8 de outubro de 2002, infelizmente se realizou: "Os EUA nunca mais terão segurança, nunca mais terão paz".

Como desmontar esse mecanismo hoje globalizado? Não é o lugar aqui de referir as estratégias usadas hoje pelos governos e órgãos de segurança. A nós importa captar a natureza do terror e sua eficácia. Não precisamos ler Albert Camus ou o teórico do terror, o francês Georges Sorel (1847-1922), para sabermos como funciona. Basta observarmos o fenômeno atual.

O terrorismo segue a seguinte estratégia: 1) os atos têm de ser espetaculares, caso contrário não causam comoção generalizada; 2) os atos, apesar de odiados, devem provocar admiração pela sagacidade empregada; 3) os atos devem sugerir que foram minuciosamente preparados; 4) os atos devem ser imprevistos para dar a impressão de serem incontroláveis; 5) os atos devem ficar no anonimato dos autores porque, quanto mais suspeitos, maior o medo; 6) os atos devem alimentar o medo pelo maior tempo possível; 7) os atos devem distorcer, nos cidadãos comuns e nos órgãos de segurança, a percepção da realidade: qualquer coisa diferente pode configurar um ato de terror possível. Assim, por exemplo, basta ver um árabe e já surge o fantasma do terrorista, ou um favelado mais bem-vestido, para logo se projetar a figura de um traficante potencial e perigoso.

Tentemos uma definição: terrorismo é toda violência espetacular, praticada com o propósito de ocupar as mentes com medo e pavor. O importante não é a violência em si, mas seu caráter espetacular, capaz de dominar as mentes de todos.

Recorrem ao terror geralmente grupos minoritários, marginalizados ou oprimidos que descreem do caminho político para a solução de seus problemas. Usa o terror também o crime organizado como o tráfico de drogas ou de armas, para enfrentar-se com o sistema de controle e repressão e como forma de desviar a atenção sobre ele. Usa o recurso do terror também o Estado que não tem legitimidade e precisa do terror para se impor, como aconteceu a partir dos anos 60 na América Latina. Hoje existe o terror de Estado como estratégia dos países ricos para combater o terrorismo internacional. Assim o Governo dos EUA, gravemente atingido por atos de terror, utiliza expedientes que são verdadeiros atos terroristas como prisões de suspeitos, sem comunicação às famílias, sem direito a defesa jurídica e, eventualmente, submetidos a tribunais com poder de condenar à morte sem qualquer salvaguarda jurídica do suspeito.

Desde 1960 foram perpetrados no mundo 137 atos terroristas de grande repercussão. Talvez o terrorismo seja a guerra possível no mundo globalizado, a única capaz de ser levada a efeito e eventualmente ganha pelos fracos e periféricos, aqueles que se insurgem por se sentirem ofendidos em sua cultura e religião.

Como desmontar essa máquina de medo e de destruição? Todos somos confrontados com esta questão. Ela remete a algo mais profundo do que a simples política de controle e repressão. Ela demanda um novo paradigma de relações sociais que impossibilitem ou esvaziem o recurso ao terrorismo. E aqui temos a ver com um novo *ethos* de socialidade, cujos gonzos de sustentação sejam o cuidado generalizado, a responsabilização coletiva pelo bem comum, a participação, a solidariedade e a compaixão, objetos de reflexão de nosso texto.

3. A globalização do risco

A globalização trouxe, entre outras coisas, a planetarização da condição humana e a consciência de que Terra e humanidade possuem destino comum. Por isso devemos enfrentar juntos o futuro como um sujeito único. Isso nos obrigaria, normalmente, a elaborar um projeto planetário solidário e uma gestão coletiva dos problemas, visando conferir sustentabilidade à vida do Planeta.

Mas isso não ocorre. Qualquer tentativa nesta linha é sistematicamente boicotada pelos grandes da Terra, encabeçados pelos EUA, que se reúnem anualmente mais para discutir moedas e garantir suas vantagens do que para enfrentar coletivamente a situação social mundial, profundamente degradada e injusta. Nos foros mundiais não se logrou nenhum acordo sobre as questões realmente globais como o clima, a água potável, o aquecimento do Planeta, as fontes alternativas de energia, a agricultura e a biodiversidade. Não há vontade de se construir o bem comum planetário, nem existe cultura para esse tipo de postulado. O que une a todos é a guerra contra o terrorismo e a defesa dos interesses comuns, hoje globalizados.

Tal política provinciana, levada a efeito pelas potências industrialistas, é demente porque tolera a globalização do risco de guerra tecnológica, do enfrentamento pobres-ricos, cujo desfecho pode ser fatal para todos. Se somos como espécie simultaneamente *sapiens* e *demens*, então aqui vem à tona, de forma assustadora, o lado da demência presente nos seres humanos. Esta se revela de forma particularmente perigosa nas medidas político-militares do Governo dos EUA. Representam um verdadeiro crime de lesa-humanidade, especialmente a utilização eventual de armas nucleares. Não serão mais de dissuasão como até agora, mas de agressão e agressão preventiva.

Nem imaginemos a devastação de vidas humanas e a destruição de ecossistemas, implicada numa guerra avassaladora na qual se usarão tais armas. Já se têm usado em Kosovo, na ex-Iugoslávia e agora novamente na segunda guerra contra o Iraque balas de canhão e bombas revestidas com urânio empobrecido. Os efeitos sobre a vida e o código genético se prolongam por decênios.

Para onde essa demência belicista desabrida nos poderá levar? O mais grave, todavia, é o fundamentalismo político-econômico das potências ocidentais. Ele subministra razões para esse caminho de alto risco, pois manifesta a crença cega de que não precisamos nos preocupar com a ordenação do mundo e a garantia de nosso futuro. Estão assegurados, creem, pelas forças livres do comércio, pelo livre espaço dos capitais e pelo mercado livre. O dogma proclama que estas instâncias constituem a forma mais eficaz de autorregulação e segurança coletiva. Mas desmascaram esse dogma como heresia a crescente miséria dos povos, o aumento da devastação ecológica e o agravamento dos conflitos mundiais.

Nunca sentimos tanta urgência de sabedoria como nos tempos atuais, para impormos limites ao poder avassalador e garantir o futuro da vida e da Terra. Desta vez não há mais Arca de Noé que possa salvar alguns. Ou nos salvamos todos ou todos pereceremos. Há momentos em que todos, até os ateus, amantes da vida, são urgidos a rezar.

4. Guerra: questão metafísica

A guerra moderna apresenta tal grau de devastação que só é comparável aos cenários do livro do Apocalipse. Os tanques, os bombardeiros, os caças, os foguetes, as bombas inteligentes e os próprios soldados, feitos pequenas máquinas de matar, se parecem a figuras saídas das páginas daquele livro. Os generais, com toda sua arrogância, senhores da guerra, donos da vida, da morte e do destino dos outros, representam bem os sinistros cavalos com seus cavaleiros apocalípticos.

Todos que viemos de uma visão pacifista do mundo, da ecologia da integração harmônica das oposições, do processo evolucionário, concebido como aberto para formas cada vez mais complexas, altas e ordenadas de relações nos perguntamos angustiados: como é possível chegarmos a tais patamares de destruição? Como entender os fenômenos que acompanham o cenário da guerra como a mentira intencionada, a distorção planejada dos fatos e até a manipulação daquilo que de mais sagrado possuímos, a religião? Quem somos nós, seres humanos, capazes de tanta barbárie?

E as guerras se transformaram cada vez mais em guerras totais, fazendo mais vítimas entre as populações civis do que entre os combatentes. Max Born, prêmio Nobel de Física (1954), denunciou a prevalência da matança de civis na guerra moderna. Na Primeira Guerra Mundial morreram só 5% de civis, na segunda guerra 50%, na guerra da Coreia e do Vietnã

85%. E dados recentes davam conta de que contra o Iraque e a ex-Iugoslávia 98% das vítimas foram civis.

Em face desse drama assustador irrompe uma interrogação metafísica que é a interrogação pelo sentido do ser, da vida e da história. Como iluminar esse antifenômeno?

Não temos outra categoria para iluminar esse enigma senão reconhecer: é a explosão e a implosão da demência. Somos seres de demência, de excesso de vontade de dominar, esganar e assassinar. Isso foi amplamente ilustrado nas guerras do século XX que implicaram no morticínio de 200 milhões de pessoas e nos atos espetaculares perpetrados pelo terrorismo e fundamentalismo islâmico como a destruição das Torres Gemini nos EUA.

O enigmático é que essa demência vem sempre junto com a sapiência. A sapiência é a nossa capacidade de amar, de cuidar, de se extasiar e de extrapolar para além dos nossos limites. Somos simultaneamente, todos sem exceção, *homo sapiens et demens (homens sapientes e dementes)*.

O paradigma dominante de nossa cultura, assentado sobre a vontade de poder e de dominação, criou as condições para que nossa demência coletiva se manifestasse poderosamente e predominasse. Essa demência é responsável pelo surgimento dos fantasmas do fim do mundo ou do fim da espécie humana.

Por outro lado, nunca deixou de aparecer, em tempo algum, também nossa dimensão sapiente. Praças do mundo inteiro se enchem de multidões clamando por paz e nunca mais a guerra, sempre que a ameaça de conflito é suscitada como forma de resolução de problemas. Líderes políticos, intelectuais e especialmente religiosos erguem sua voz e alimentam o lado luminoso e pacífico dos seres humanos e não nos deixam desesperar.

Que saída encontraremos para esse problema com dimensões metafísicas?

A saída mais realista e mais sábia parece ser aquela expressa na Oração da Paz, de São Francisco de Assis, o irmão universal dos hansenianos, dos animais, das montanhas e das estrelas. Nessa oração, amplamente divulgada e feita credo comum pelo macroecumenismo, vale dizer, pelo ecumenismo entre as religiões, encontramos uma chave libertadora.

Os termos da oração deixam claro o caráter contraditório da condição humana, feita de amor e de ódio, de sapiência e de demência. Parte-se desta contradição, mas se afirma confiadamente o polo positivo, com a certeza de que ele irá limitar e integrar o polo negativo.

A lição subjacente à oração de São Francisco é esta: não se cura a demência senão reforçando a sapiência. Por isso, suas palavras: "onde houver ódio, que eu leve o amor; onde houver discórdia, que eu leve a união; onde houver desespero, que eu leve a esperança; onde houver trevas, que eu leve a luz". E importa mais "amar que ser amado, compreender que ser compreendido, perdoar que ser perdoado, pois é dando que se recebe e é morrendo que se vive".

Nessa sabedoria dos simples se encontra o segredo da superação das vontades que querem a violência e a guerra como forma de resolver conflitos ou de fazer valer os interesses de uns contra os outros.

O caminho da paz, ensinava Gandhi, é a própria paz. Só meios pacíficos produzem a paz. A paz é, a um tempo, meta e método, fim e meio.

5. Guerra e ética

Toda guerra é perversa porque viola o mandamento da ética natural de "não matarás". Mas há problemas: se um país é agredido por outro, que fazer? Este tem direito de se defender com força defensiva? Como devem comportar-se os governantes dos povos que assistem à limpeza étnica de minorias por parte de ditadores sanguinários que ainda violam sistematicamente direitos humanos, eliminando seus opositores? Vale alegar o princípio da não-intervenção em assuntos internos de estados soberanos e condenar-se a assistir passivamente a crimes contra a humanidade? Como reagir ao fenômeno difuso do terrorismo que tem condições atualmente de utilizar armas de extermínio em massa e assim vitimar milhares de inocentes? Contra isso é legítima uma guerra preventiva?

São questões éticas que ocupam mentes e corações nos dias atuais. Para não desesperar, temos que pensar.

No mundo inteiro, dada a estratégia de alguns países como os EUA de usar a força para fazer valer seus interesses globais, gerou-se um debate extremamente sério acerca desta questão. Sobressaem várias posições.

Um grupo numeroso sustenta a tese: dada a capacidade devastadora da guerra moderna, que pode até comprometer o futuro da espécie e toda a biosfera, não há mais nenhuma guerra justa (*ius ad bellum*), ou que se justifique.

Outro grupo afirma: mesmo assim, pode haver guerra justa, a assim chamada "intervenção humanitária", mas limitada. Ela se justifica para impedir o etnocídio e crimes de lesa-humanidade.

Um terceiro grupo, representando os interesses do *stablishment* global, reafirma: há que se resgatar a guerra justa como autodefesa, como punição de países do "eixo do mal" e como prevenção a ataques com armas de destruição em massa.

Façamos um juízo ético sobre estas posições.

Nas condições atuais, toda guerra representa altíssimo risco, pois dispomos da máquina de morte, capaz de destruir a humanidade e a biosfera. A guerra é meio criminoso e, por isso, injusto, por ser demasiadamente destrutivo, anulando a base do direito que é a persistência da vida e da biosfera. Não há nenhum direito que nos dê a chancela para destruir tudo, como se, para matar uma mosca na cabeça de uma pessoa, nos decidíssemos pelo corte da cabeça dela.

Dentro de uma política realista, uma "intervenção humanitária" limitada é teoricamente justificável sob duas condições: não pode ser decidida unilateralmente por um único país, mas pela comunidade das nações (ONU) e deve respeitar dois princípios básicos (*ius in bello*): a imunidade da população civil e a adequação dos meios (não podem causar mais danos que benefícios). A experiência tem mostrado que nenhum dos dois princípios conseguiu ser respeitado. As principais vítimas são as populações inocentes.

A guerra de autodefesa não torna a guerra boa. Ela continua perversa pelas mortes e destruições que provoca, mesmo que sejam chamadas de "externalidades" e "efeitos não desejados". A força empregada como autodefesa da população, da casa e do altar se justifica dentro da estrita adequação dos meios. Mas, como se comprovou, esta adequação é permanentemente rompida. Como é difícil controlar totalmente o fogo ou a violência das águas, da mesma forma é difícil controlar a devastação material, psicológica, cultural e humana da guerra uma vez deslanchada.

A guerra de punição, como contra o Afeganistão, se baseia na vingança e não é eticamente defensável. Só alimenta raiva, caldo de futuros conflitos.

A guerra preventiva, contra o Iraque, foi ilegítima porque se baseou sobre o que ainda não era e podia não acontecer. Nenhum direito, de qualquer natureza, lhe garante legitimidade, por ser subjetiva e arbitrária. Ela somente pôde ser aprovada pelo parlamento norte-americano e inglês com a utilização da mentira e da distorção das informações por parte das autoridades oficiais.

Todos esses juízos possuem valor meramente teórico, sempre importante e até indispensável para clarear posições, fundamento para eventuais tomadas de posição concreta. Praticamente, porém, mostrou-se que todas as guerras, mesmo as de "intervenção humanitária", não observam os dois critérios: a imunidade da população civil e a adequação dos meios.

Em todas as guerras atuais, depois da Segunda Guerra Mundial, não se faz distinção entre combatentes e não combatentes. Para enfraquecer o inimigo se destrói sua infraestrutura material (edifícios públicos, redes de comunicação, de energia, de abastecimento, fábricas, etc.) com muitas mortes de inocentes (98%). As consequências da guerra perduram por anos e até por séculos como no caso do urânio empobrecido.

Dessas experiências amargas e das reflexões feitas a partir delas tira-se a convicção de que a guerra não é solução para nenhum problema. Ela mesma é o grande problema atual da humanidade, problema que reclama urgentemente uma solução duradoura.

Devemos buscar um novo paradigma à luz de Gandhi, de Dom Helder Câmara e de Luther King Jr., se não quisermos nos destruir. Todos eles proclamaram a paz como meta e como método, como fim e como meio.

Se queres a paz, prepara a paz e não a guerra.

6. A paz possível

Muitos têm sentido profundo abatimento por causa dos conflitos mundiais, de guerras ilegítimas e vergonhosas como aquela movida contra o Afeganistão em 2002 e contra o Iraque em 2003. Na verdade, não foram guerras entre combatentes, mas, antes, uma invasão e um massacre.

Dada a violência "inteligente" nos perguntamos angustiados: quem somos nós, errático serzinho da Terra, perdido na imensidão do espaço, capaz de tanto ódio e devastação? E nos envergonhamos de nós mesmos. Merecemos ainda viver junto com os demais seres, já que nos fizemos o satã da Terra? Será que no processo de evolução não surgirá outro ser com mais benevolência, amorosidade e vontade de paz?

Mas de nada adianta pensar assim, pois seria fuga da dura realidade. A realidade é que o governo Bush e aliados decidiram resolver os problemas mundiais usando o que os torna imbatíveis: a guerra tecnológica e preventiva.

Nestas condições é possível ainda a paz? Recusamo-nos a aceitar a solução resignada de Freud, respondendo em 1932 a uma consulta de Einstein sobre a possibilidade de evitarmos a guerra: "esfaimados pensamos no moinho que tão lentamente mói que poderíamos morrer de fome antes de receber a farinha".

Acreditamos na paz possível sob duas condições: a primeira, de acolhermos a polaridade *sapiens/demens*, amor-ódio, opressão-libertação, caos-cosmos, sim-bólico-dia-bólico como pertencendo à condição humana, pois somos a unidade viva dos contrários; segunda, de reforçarmos de tal maneira o polo luminoso desta contradição que ele possa manter sob controle, limitar e integrar o polo tenebroso.

Esse é o caminho aberto pela sociedade civil mundial e por seus melhores líderes espirituais como Gandhi, o Papa João XXIII, Dom Helder Câmara, Martin Luther King Jr. e outros. Esse caminho foi preparado há séculos por aquele que foi talvez o "último cristão" e o "primeiro depois do Único", Francisco de Assis.

Esse caminho encontrou uma expressão grandiosa na *Oração de São Francisco pela Paz*, já referida por nós anteriormente e agora retomada. Esta oração é rezada sempre nos encontros de líderes religiosos do mundo inteiro, qual credo em que todos se encontram. Curiosamente essa oração foi elaborada durante a Primeira Guerra Mundial (1914-1918) por um anônimo da Normandia, amante de São Francisco, de quem colheu o espírito e as principais palavras. Mas o fez de forma tão fiel e verdadeira que se transformou na oração do próprio São Francisco de Assis. Ela ganhou publicidade quando foi publicada no *Osservatore Romano*, órgão oficioso do Vaticano, de 16 de janeiro de 1916. A partir daí se difundiu pelo mundo inteiro, como inspiração de paz e benquerença entre os seres humanos e os povos. A linguagem é religiosa, mas o conteúdo é universal e pode ser assumido pelo professante de qualquer credo, mesmo por aqueles que não professam credo nenhum, apenas são humanitários.

Não obstante seu enternecimento, chamando a todas as criaturas de irmãos e irmãs, Francisco de Assis não perde o sentido da realidade contraditória. Não se questiona por que é assim. Na sabedoria dos simples, intui que o mal não está aí para ser compreendido, mas para ser superado pelo bem. Está convencido de que a parte sã cura a parte doente e que a luz tem mais direito que as trevas e que as integra na forma de sombra.

Não sem fina observação, Dante Alighieri, em sua *Divina Comédia*, chama Francisco de Assis de "O sol de Assis... e quem quiser falar deste lugar que não diga mais Assis seria muito pouco mas Oriente" (onde o sol nasce: Paraíso, Canto XI, 28-66).

É só nesta forma integradora que o mal deixa de ser totalmente absurdo e se dilui no código de todas as coisas. Então Francisco de Assis conclama com o coração aberto e confiante:

"Onde houver ódio, que eu leve o amor; onde houver ofensa, que eu leve o perdão; onde houver discórdia, que eu leve a união; onde houver dúvida, que eu leve a fé; onde houver erro, que eu leve a verdade; onde houver desespero, que eu leve a esperança; onde houver tristeza, que eu leve a alegria; onde houver trevas, que eu leve a luz... e importa mais consolar que ser consolado, compreender que ser compreendido e amar que ser amado".

O efeito desta estratégia sapiencial é a paz, possível aos seres contraditórios que somos e a esta Terra conturbada.

É pouca coisa, quase nada. Mas representa a força que se esconde em cada semente, por menor que seja.

7. A paz e o efeito borboleta

Tudo no mundo é dialético, não porque Hegel ou Marx o disseram e, antes deles, o pré-socrático Heráclito. Mas porque essa é a lei das coisas, regida pelo caos e pelo cosmos e pelo sim-bólico (o que une) e pelo dia-bólico (o que desune).

As guerras no mundo, o terrorismo e o império da violência, especialmente através da mídia, estão provocando um efeito dialético: o crescimento pelo mundo afora dos movimentos pacifistas, dos grupos contra as armas de destruição em massa e as articulações dos que querem um outro mundo possível e um outro tipo de globalização, no qual a competição que gera tensões e conflitos possa ser reduzida a níveis menos destrutivos. Cresce no seio da sociedade civil mundial a consciência de que a violência, a repressão e a guerra são a pior resposta que se pode oferecer como solução aos problemas existentes.

A guerra vergonhosa que os EUA, a Inglaterra e outros aliados menores moveram em 2003 contra o Iraque mobilizaram grande parte da humanidade contra e fizeram com que as praças do mundo inteiro congregassem milhões e milhões de pessoas, até nos recantos mais distantes no interior da floresta amazônica. Também lá se fizeram manifestações pela paz, levantando cartazes e gritando palavras-de-ordem, com índios, seringueiros e ribeirinhos.

Alguém poderia perguntar: que sentido faz essas vozes fracas erguerem seu tom, se elas não têm condições de serem ouvidas, sequer de serem noticiadas? Em que contribui para a paz mundial esse gesto realizado no mais ignoto dos lugares?

Há um sentido profundo e uma contribuição que pode ser decisiva na realização da paz. Para compreendermos esse efeito socorrem-nos os conhecimentos recentes ligados à teoria do caos e do assim chamado "efeito borboleta". Segundo essa teoria, um farfalhar de asas de borboleta do meu jardim pode produzir uma tempestade sobre o Pentágono. Donde a razão desse efeito? A razão reside no fato de que todos os fenômenos e todos os seres são interdependentes entre si.

Na Terra e no universo tudo tem a ver com tudo, em todos os pontos e em todos os momentos, sentenciava o pai formulador da física quântica, Niels Bohr. Em função disso, às vezes o elo aparentemente mais insignificante é responsável pela irrupção do novo.

Alguém totalmente desconhecido aponta na rua, com o dedo para o alto, e grita: "olha lá, olha lá". Pode ser qualquer coisa, quem sabe um objeto não identificado. E, num momento, grupos e multidões começam a olhar na mesma direção. Deu-se o efeito borboleta. O pequeno produziu o grande por uma concatenação de relações.

Consultemos o senso comum, fonte de sabedoria universal da humanidade. Segundo ele, vigora uma convicção de que a luz, por mais fraca que seja, vale mais que todas as trevas juntas. Basta um palito de fósforos aceso para exorcizar toda a escuridão de uma sala e mostrar a porta de saída. A luz, por sua natureza, faz o seu curso misterioso pelo espaço sem fim e será sempre captada por espíritos de luz.

Outra convicção da sabedoria comum: o bem possui uma força interior que é própria dele, semelhante à força do amor. Por isso, no seu termo, nada resiste ao bem e ao amor. Eles acabam triunfando. É semelhante à força da chuva sobre os imensos incêndios na Amazônia. A chuva é composta de milhões e milhões de gotas. Uma gota faz muito pouco, tanto quanto a água trazida no bico de um beija-flor que, solidário, quer dar também a sua contribuição na extinção do fogo devorador. Ora, são estes milhões e milhões de gotas, quais milhões de minúsculos beija-flores, que apagam, em poucas horas, o incêndio mais persistente da floresta amazônica. Eis a força invencível do pequeno.

Por último, importa crer na força secreta da boa vontade, por menor que seja. O bem não permanece restrito à pessoa que o pratica. O bem é como a luz, uma realidade de irradiação. Como uma onda, segue seu curso pelo mundo, evocando o bem que está em todos e fortalecendo a corrente do bem pelos espaços sem fim. O bem é a referência principal para qualquer ética humanitária.

Estas reflexões óbvias nos convencem da importância de cada gesto por mais insignificante que seja. Ele pode ser o portador da força deslanchadora de um processo de mudança, como a história o tem mostrado com frequência.

Nessa concatenação, quem poderá negar que a paz não poderá começar a partir desta ignota aldeia do Amazonas? Sim, do pequeno poderá vir a força secreta da paz.

Conclusão

A importância das figuras exemplares

Há muito cansaço hoje com respeito às propostas e aos apelos éticos. Estão em grande parte desmoralizados, por isso não produzem entusiasmo, sem o qual não há mudanças, nem se ousam práticas inovadoras.

Em momentos assim, socorrem-nos as figuras éticas exemplares, aquelas pessoas que concretamente viveram valores em suas biografias, realizaram projetos significativos e mobilizaram outros a também buscarem e a fazerem caminho.

Tal fato explica, em grande parte, as tantas biografias que se publicam e se leem hoje no mundo inteiro, desde biografias de faraós, imperadores, filósofos, santos, criminosos famosos, artistas e simples pessoas que, sem visibilidade pública, viveram sagas pessoais que enchem de fascinação e respeito a quem vem a conhecê-las.

Talvez não saibamos teoricamente o que é bom e o que é ruim nem tenhamos o mapa da viagem da vida. Mas identificamos nessas pessoas verdadeiros caracteres, um dos sentidos originais de *ethos*. Neles a ética e a moral emergem como práticas vivas e convincentes, ou também como sua fragorosa negação, como aquilo que não deve ser. Elas mostram a possibilidade com a qual todo ser humano sonha, a de se realizar como pessoa. Essa realização vale mais que a pura e simples busca da felicidade.

Os mestres do passado como Aristóteles, Platão e Santo Tomás de Aquino, em suas construções éticas, partiam do projeto de felicidade (ou beatitude como eles preferiam), intrínseco aos seres humanos. Hoje não estamos mais seguros desta felicidade. Vivemos frustrados, pois se a felicidade é o que mais se busca e o *marketing* comercial mais a promete, é também o que menos se encontra. Passar por cima dos outros pode rechear a conta no banco, conferir mais poder e influência e oferecer mais chances de prazer, mas não é felicidade. A felicidade não pode ser construída sobre a infelicidade dos outros. Nem dá para alguém sentir-se feliz quando constata a dramática infelicidade da maioria dos seres humanos e a crescente degradação dos ecossistemas.

É por estas razões que não sabemos mais o que seja o desejo de felicidade consistente, verdadeiro e duradouro. Preferimos a satisfação de nos realizarmos como profissionais e como pessoas, sabendo criar uma unidade dinâmica dos contrários que vivem em nós o desejo ilimitado e o limitado de suas realizações, a vontade de perenidade e a fugacidade do tempo.

Em nossas reflexões, tentamos refazer a experiência originária a partir da qual se constrói a ética e a moral, a experiência da morada e de suas implicações existenciais e hoje planetárias. Essa experiência tem a virtude de conferir unidade e organicidade à nossa compreensão do *ethos*. Mas não basta compreendermos. Temos que nos transformar em pessoas éticas, bem no sentido que postulava Aristóteles, quando, na sua *Ética a Nicômaco,* sentenciava: "Não filosofamos para saber o que seja virtude, mas para nos tornarmos pessoas virtuosas" (11,1-2).

Por isso, passamos de uma compreensão teórica do *ethos*, do *ethos* que procura, para outras vertebrações práticas do *ethos*: o *ethos* que cuida, o *ethos* que ama, o *ethos* que se compadece, o *ethos* que se responsabiliza e o *ethos* que se solidariza. Essas expressões do único *ethos*-raiz induzem em nós as três virtudes cardeais mais importantes na fase de transição em que nos encontramos: o bem comum humano e de toda a comunidade de vida, a autocontenção e a justa medida.

Este quadro, tomado em sua radicalidade e seriedade, seria o maior antídoto contra a apatia, o cinismo, os conflitos e as guerras que ainda assolam perigosamente a humanidade. Elas persistem e até se agravam. Mas, cremos, são estertores que antecipam o parto de um novo paradigma de civilização, fundado na re-ligação de todos com todos, com a Terra, com o universo e com Deus.

Não temos outra alternativa senão consolidarmos esse caminho já aberto. O oposto a ele seria a escuridão. Estamos convencidos de que sairemos renovados desta crise ética e moral, como sempre ocorreu na história das tribulações dos filhos e filhas de Adão. E voltaremos a brilhar porque a Casa Comum, a Terra, será enfim o *ethos* de todos (morada), acompanhado pelo anjo bom e protetor (o *daimon*) que tornará leve e jovial a nossa fugaz passagem por este mundo.

Bibliografia

Aduzimos apenas títulos em português para quem quiser aprofundar as questões.

ABDALA, M. *O princípio da cooperação*. São Paulo: Paulus, 2002.

AGOSTINI, N. *Fundamentos da ética cristã*. Petrópolis: Vozes, 2003.

_____. *Ética cristã e desafios atuais*. Petrópolis: Vozes, 2002.

_____. *Teologia moral*. Petrópolis: Vozes, 1997.

APPEL, K.-O. *Estudos de moral moderna*. Petrópolis: Vozes, 1994.

ARISTÓTELES. *A ética a Nicômaco*. São Paulo: Martin Claret, 2002.

BICKEL, A.M. *A ética do consentimento*. Rio de Janeiro: Agir, 1978.

BOFF, L. *Ethos mundial*. Rio de Janeiro: Sextante, 2003.

_____. *Do iceberg à arca de Noé* – O nascimento de uma ética planetária. Rio de Janeiro: Garamond, 2002.

_____. *Saber cuidar: ética do humano, compaixão pela Terra*. Petrópolis: Vozes, 1999.

BUARQUE, C.A. *A segunda abolição*. Rio de Janeiro: Paz e Terra, 1999.

BONDER, N. *A alma imoral*. Rio de Janeiro: Rocco, 1998.

CHACON DE ASSIS, J. *Brasil 21* – Uma nova ética para o desenvolvimento. Crea-RJ: Rio de Janeiro, 2000.

CATÃO, F. *Pedagogia ética*. Petrópolis: Vozes, 1995.

CNBB. *Ética, justiça e direito*. Petrópolis: Vozes, 1996.

COSTA FREIRE, J. *A ética e o espelho da cultura*. Rio de Janeiro: Rocco, 1995.

DALAI-LAMA. *Uma ética para o novo milênio*. Rio de Janeiro: Sextante, 2000.

DUSSEL, E. *Ética da libertação*. Petrópolis: Vozes, 2000.

_____. *Ética comunitária*. Petrópolis: Vozes, 1986.

FRANÇA, M.I. *Ética, psicanálise e sua transmissão*. Petrópolis: Vozes, 1996.

GALBRAITH, J.K. *A sociedade justa*. Rio de Janeiro: Campus, 1996.

GALVÃO, A.M. *A crise da ética*. Petrópolis: Vozes, 1997.

HEIDEGGER, M. *Ser e tempo*. 2 vols. Petrópolis: Vozes, 1989.

HERING, B. *Teologia moral para sacerdotes e leigos*. 3 vols. São Paulo: Paulinas, 1984.

HUNTINGTON, P.S. *O choque de civilizações*. Rio de Janeiro: Objetiva, 1997.

KÜNG, H. *Uma ética global para a política e a economia mundiais*. Petrópolis: Vozes, 2001.

______. *Projeto de uma ética mundial*. São Paulo: Paulinas, 1991.

LACROIX, M. *Para uma moral planetária*. São Paulo: Paulinas, 1996.

LAMPE, A. (org.). *Ética e filosofia da libertação* (Festschrift Enrique Dussel). Petrópolis: Vozes, 1995.

LEIS, H.R. *A modernidade insustentável*. Petrópolis: Vozes, 1999.

LEISINGER, K.M. & SCHMITT, K. *Ética empresarial* – Responsabilidade global e gerenciamento moderno. Petrópolis: Vozes, 2001.

LIMA VAZ, H.C. *Ética e civilização* – Escritos de Filosofia III. São Paulo: Loyola, 1997.

______. *Ética e cultura* – Escritos de Filosofia II. São Paulo: Loyola, 1993.

LEPARGNEUR, H. *Fontes da moral na Igreja*. Petrópolis: Vozes, 1978.

LOPARIC, Z. *Ética e finitude*. São Paulo: Educ, 1995.

MARCÍLIO, M.I. & RAMOS, L.E. *Ética na virada do milênio*. São Paulo: LTr, 1999.

MAY, R. *Eros e repressão*. Petrópolis: Vozes, 1973.

MOSER, A. & LEERS, B. *Teologia moral*: desafios atuais. Petrópolis: Vozes, 1991.

______. *Teologia moral*: impasses e alternativas. Petrópolis: Vozes, 1987.

MESSNER, J. *Ética social*. São Paulo: Quadrante, s/d.

OLIVEIRA, M. *Desafios éticos da globalização*. São Paulo: Paulinas, 2001.

_____. *Ética e práxis histórica*. São Paulo: Ática, 1995.

_____. *Ética e economia*. São Paulo: Ática, 1994.

_____. *Ética e racionalidade moderna*. São Paulo: Loyola, 1993.

_____. *Ética e sociabilidade*. São Paulo: Loyola, 1993.

OLIVEIRA, M. (org.). *Correntes fundamentais da ética contemporânea*. Petrópolis: Vozes, 2001.

PEGORARO, O. *Ética e bioética*. Petrópolis: Vozes, 2002.

_____. *Ética é justiça*. Petrópolis: Vozes, 1995.

PEGORARO, O. (org.). *Ética, ciência e saúde*. Petrópolis: Vozes, 2002.

PEINADO, J.V. *Éticas teológicas ontem e hoje*. São Paulo: Paulus, 1996.

PLATÃO. *Apologia de Sócrates*. Rio de Janeiro: Ediouro, 1998.

PUREZA, J.M. *O patrimônio comum da humanidade*. Porto: Afrontamento, 1998.

RUSS, J. *Pensamento ético contemporâneo*. São Paulo: Paulus, 1999.

RUSSEL, B. *Ética e política na sociedade humana*. Rio de Janeiro: Zahar, 1977.

SEN, A. *Desenvolvimento como liberdade*. São Paulo: Companhia das Letras, 2001.

SERRES, M. *O contrato natural*. Rio de Janeiro: Nova Fronteira, 1991.

SOUZA SANTOS, B. *Pelas mãos de Alice* – O social e o político na transição pós-moderna. Porto: Afrontamento, 1994.

TODOROV, T. *As morais da história*. Publicações Europa-América, 1993.

TRASFERETTI, J.A. *Ética da misericórdia*. Petrópolis: Vozes, 1999.

TUGENDHAT, E. *Lições sobre ética*. Petrópolis: Vozes, 1997.

VAINFAS, R. *Trópico dos pecados*. Moral, sexualidade e inquisição no Brasil. Rio de Janeiro: Campus, 1989.

VIDAL, M. *Moral de atitudes*. 3 vols. Aparecida: Santuário, 1983.

VIDAL, M. (org.). *Ética teológica* – Conceitos fundamentais. Petrópolis: Vozes, 1999.

WEIL, P. *A nova ética*. Rio de Janeiro: Rosa dos Tempos, 1994.

______. *Sementes para uma nova era*. Vozes: Petrópolis, 1986.

WILSON, E. *O futuro da vida*. Rio de Janeiro: Campus, 2002.

ZOHAR, D. & MARSHALL, I. *Inteligência espiritual*. Rio de Janeiro: Record, 2000.

A Carta da Terra

No dia 14 de março de 2000, na Unesco em Paris, foi aprovada depois de 8 anos de discussões em todos os continentes, envolvendo 46 países e mais de cem mil pessoas, desde escolas primárias, esquimós, indígenas da Austrália, do Canadá e do Brasil, entidades da sociedade civil, até grandes centros de pesquisa, universidades, empresas e religiões *A Carta da Terra*. Ela deverá ser apresentada e assumida pela ONU, após aprofundada discussão, com o mesmo valor da Declaração dos Direitos Humanos. Por ela poderão prender-se os agressores da dignidade da Terra, em qualquer parte do mundo, e levá-los aos tribunais.

Na Comissão de Redação estavam Mikhail Gorbachev, Maurice Strong, Steven Rockfeller, Mercedes Sosa, Leonardo Boff e outros. Aqui segue a Carta para ser discutida nas comunidades e em todos os âmbitos. Seu texto pode ser encontrado na internet: www.cartadaterra.org ou www.earthcharter.org

Preâmbulo

Estamos diante de um momento crítico na história da Terra, numa época em que a humanidade deve escolher o seu futuro. À medida que o mundo se torna cada vez mais interdependente e frágil, o futuro enfrenta, ao mesmo tempo, grandes perigos e grandes promessas. Para seguir adiante, devemos reconhecer que, no meio de uma magnífica diversidade de culturas e formas de vida, somos uma família humana e uma comunidade terrestre com um destino comum. Devemos somar forças para gerar uma sociedade sustentável global baseada no respeito à natureza, nos direitos humanos universais, na justiça econômica e numa cultura da paz. Para chegar a este propósito é imperativo que nós, os povos da Terra, declaremos nossa responsabilidade uns para com os outros, com a grande comunidade da vida e com as futuras gerações.

Terra, nosso lar

A humanidade é parte de um vasto universo em evolução. A Terra, nosso lar, está viva com uma comunidade de vida única. As forças da natureza fazem da existência uma aventura exigente e incerta, mas a Terra providenciou as condições essenciais para a evolução da vida. A capacidade de recuperação da comunidade da vida e o bem-estar da humanidade dependem da preservação de uma biosfera saudável com todos seus sistemas ecológicos, uma rica variedade de plantas e animais, solos férteis, águas puras e ar limpo. O meio ambiente global com seus recursos finitos é uma preocupação comum de todas as pessoas. A proteção da vitalidade, diversidade e beleza da Terra é um dever sagrado.

A situação global

Os padrões dominantes de produção e consumo estão causando devastação ambiental, redução dos recursos e uma massiva extinção de espécies. Comunidades estão sendo arruinadas. Os benefícios do desenvolvimento não estão sendo divididos equitativamente e o fosso entre ricos e pobres está aumentando. A injustiça, a pobreza, a ignorância e os conflitos violentos têm aumentado e são causa de grande sofrimento. O crescimento sem precedentes da população humana tem sobrecarregado os sistemas ecológico e social. As bases da segurança global estão ameaçadas. Essas tendências são perigosas, mas não inevitáveis.

Desafios para o futuro

A escolha é nossa: formar uma aliança global para cuidar da Terra e uns dos outros, ou arriscar a nossa destruição e a da diversidade da vida. São necessárias mudanças fundamentais dos nossos valores, instituições e modos de vida. Devemos entender que, quando as necessidades básicas forem atingidas, o desenvolvimento humano é primariamente ser mais e, não, ter mais. Temos o conhecimento e a tecnologia necessários para abastecer a todos e reduzir nossos impactos ao meio ambiente. O surgimento de uma sociedade civil global está criando novas oportunidades para construir um mundo democrático e humano. Nossos desafios ambientais, econômicos, políticos, sociais e espirituais estão interligados, e juntos podemos forjar soluções includentes.

Responsabilidade universal

Para realizar estas aspirações devemos decidir viver com um sentido de responsabilidade universal, identificando-nos com toda a comunidade terrestre, bem como com nossa comunidade local. Somos ao mesmo tempo cidadãos de nações diferentes e de um mundo no qual a dimensão local e global estão ligadas. Cada um comparte responsabilidade pelo presente e pelo futuro, pelo bem-estar da família humana e do grande mundo dos seres vivos. O espírito de solidariedade humana e de parentesco com toda a vida é fortalecido quando vivemos com reverência o mistério da existência, com gratidão pelo presente da vida e com humildade considerando o lugar que ocupa o ser humano na natureza.

Necessitamos com urgência de uma visão de valores básicos para proporcionar um fundamento ético à emergente comunidade mundial. Portanto, juntos na esperança, afirmamos os seguintes princípios, todos interdependentes, visando a um modo de vida sustentável como critério comum, através dos quais a conduta de todos os indivíduos, organizações, empresas de negócios, governos e instituições transnacionais será guiada e avaliada.

Princípios

I. RESPEITAR E CUIDAR DA COMUNIDADE DE VIDA

1. **Respeitar a Terra e a vida em toda sua diversidade**

    a. Reconhecer que todos os seres são interligados e cada forma de vida tem valor, independentemente do uso humano.

    b. Afirmar a fé na dignidade inerente de todos os seres humanos e no potencial intelectual, artístico, ético e espiritual da humanidade.

2. **Cuidar da comunidade da vida com compreensão, compaixão e amor**

    a. Aceitar que com o direito de possuir, administrar e usar os recursos naturais vem o dever de impedir o dano causado ao meio ambiente e de proteger o direito das pessoas.

    b. Afirmar que o aumento da liberdade, dos conhecimentos e do poder comporta responsabilidade na promoção do bem comum.

3. **Construir sociedades democráticas que sejam justas, participativas, sustentáveis e pacíficas**

    a. Assegurar que as comunidades em todos os níveis tenham garantidos os direitos humanos e as liberdades fundamentais e dar a cada uma a oportunidade de realizar seu pleno potencial.

b. Promover a justiça econômica, propiciando a todos a consecução de uma subsistência significativa e segura, que seja ecologicamente responsável.

4. Garantir a generosidade e a beleza da Terra para as gerações atuais e futuras

a. Reconhecer que a liberdade de ação de cada geração é condicionada pelas necessidades das gerações futuras.

b. Transmitir às futuras gerações valores, tradições e instituições que apoiem, a longo prazo, a prosperidade das comunidades humanas e ecológicas da Terra.

Para poder cumprir estes quatro extensos compromissos é necessário:

II. INTEGRIDADE ECOLÓGICA

5. Proteger e restaurar a integridade dos sistemas ecológicos da Terra, com especial preocupação pela diversidade biológica e pelos processos naturais que sustentam a vida

a. Adotar planos e regulações de desenvolvimento sustentável em todos os níveis, que façam com que a conservação ambiental e a reabilitação sejam parte integral de todas as iniciativas de desenvolvimento.

b. Estabelecer e proteger as reservas com uma natureza viável e da biosfera, incluindo terras selvagens e áreas marinhas, para proteger os sistemas de sustento à vida da Terra, manter a biodiversidade e preservar nossa herança natural.

c. Promover a recuperação de espécies e ecossistemas em perigo.

d. Controlar e erradicar organismos não nativos ou modificados geneticamente que causem dano às espécies nativas, ao meio ambiente, e prevenir a introdução desses organismos danosos.

e. Manejar o uso de recursos renováveis como a água, solo, produtos florestais e a vida marinha com maneiras que não excedam as taxas de regeneração e que protejam a sanidade dos ecossistemas.

f. Manejar a extração e uso de recursos não renováveis como minerais e combustíveis fósseis, de forma que diminua a exaustão e não cause sério dano ambiental.

6. **Prevenir o dano ao ambiente como o melhor método de proteção ambiental e, quando o conhecimento for limitado, tomar o caminho da prudência**

a. Orientar ações para evitar a possibilidade de sérios ou irreversíveis danos ambientais, mesmo quando a informação científica seja incompleta ou não conclusiva.

b. Impor o ônus da prova àqueles que afirmam que a atividade proposta não causará dano significativo e fazer com que os grupos sejam responsabilizados pelo dano ambiental.

c. Garantir que a decisão a ser tomada se oriente pelas consequências humanas globais, cumulativas, de longo termo, indiretas e de longa distância.

d. Impedir a poluição de qualquer parte do meio ambiente e não permitir o aumento de substâncias radiativas, tóxicas ou de outras substâncias perigosas.

e. Evitar que atividades militares causem dano ao meio ambiente.

7. Adotar padrões de produção, consumo e reprodução que protejam as capacidades regenerativas da Terra, os direitos humanos e o bem-estar comunitário

a. Reduzir, reutilizar e reciclar materiais usados nos sistemas de produção e consumo e garantir que os resíduos possam ser assimilados pelos sistemas ecológicos.

b. Atuar com restrição e eficiência no uso da energia e recorrer cada vez mais aos recursos energéticos renováveis como a energia solar e do vento.

c. Promover o desenvolvimento, a adoção e a transferência equitativa de tecnologias ambientais saudáveis.

d. Incluir totalmente os custos ambientais e sociais de bens e serviços no preço de venda e habilitar os consumidores a identificar produtos que satisfaçam as mais altas normas sociais e ambientais.

e. Garantir acesso universal ao cuidado da saúde que fomente a saúde reprodutiva e a reprodução responsável.

f. Adotar estilos de vida que acentuem a qualidade de vida e o suficiente material num mundo finito.

8. Avançar o estudo da sustentabilidade ecológica e promover a troca aberta e uma ampla aplicação do conhecimento adquirido

a. Apoiar a cooperação científica e técnica internacional relacionada à sustentabilidade, com especial atenção às necessidades das nações em desenvolvimento.

b. Reconhecer e preservar os conhecimentos tradicionais e a sabedoria espiritual em todas as culturas que contribuem para a proteção ambiental e o bem-estar humano.

c. Garantir que informações de vital importância para a saúde humana e para a proteção ambiental, incluindo informação genética, estejam disponíveis ao domínio público.

III. JUSTIÇA SOCIAL E ECONÔMICA

9. Erradicar a pobreza como um imperativo ético, social, econômico e ambiental

a. Garantir o direito à água potável, ao ar puro, à segurança alimentar, aos solos não contaminados, ao abrigo e saneamento seguro, distribuindo os recursos nacionais e internacionais requeridos.

b. Prover cada ser humano de educação e recursos para assegurar uma subsistência sustentável, e dar seguro social [médico] e segurança coletiva a todos aqueles que não são capazes de manter-se a si mesmos.

c. Reconhecer o ignorado, proteger o vulnerável, servir àqueles que sofrem e permitir-lhes desenvolver suas capacidades e alcançar suas aspirações.

10. Garantir que as atividades econômicas e instituições em todos os níveis promovam o desenvolvimento humano de forma equitativa e sustentável

a. Promover a distribuição equitativa da riqueza dentro e entre nações.

b. Incrementar os recursos intelectuais, financeiros, técnicos e sociais das nações em desenvolvimento e aliviar as dívidas internacionais onerosas.

c. Garantir que todas as transações comerciais apoiem o uso de recursos sustentáveis, a proteção ambiental e normas laborais progressistas.

d. Exigir que corporações multinacionais e organizações financeiras internacionais atuem com transparência em benefício do bem comum e responsabilizá-las pelas consequências de suas atividades.

11. Afirmar a igualdade e a equidade de gênero como pré-requisitos para o desenvolvimento sustentável e assegurar o acesso universal à educação, ao cuidado da saúde e às oportunidades econômicas

a. Assegurar os direitos humanos das mulheres e das meninas e acabar com toda violência contra elas.

b. Promover a participação ativa das mulheres em todos os aspectos da vida econômica, política, civil, social e cultural como parceiros plenos e paritários, tomadores de decisão, líderes e beneficiários.

c. Fortalecer as famílias e garantir a segurança e a criação amorosa de todos os membros da família.

12. Defender, sem discriminação, os direitos de todas as pessoas a um ambiente natural e social, capaz de assegurar a dignidade humana, a saúde corporal e o bem-estar espiritual,

dando especial atenção aos direitos dos povos indígenas e minorias

a. Eliminar a discriminação em todas as suas formas como as baseadas na raça, cor, gênero, orientação sexual, religião, idioma e origem nacional, étnica ou social.

b. Afirmar o direito dos povos indígenas à sua espiritualidade, conhecimentos, terras e recursos, assim como às suas práticas relacionadas a formas sustentáveis de vida.

c. Honrar e apoiar os jovens das nossas comunidades, habilitando-os a cumprir seu papel essencial na criação de sociedades sustentáveis.

d. Proteger e restaurar lugares notáveis, de significado cultural e espiritual.

IV. DEMOCRACIA, NÃO VIOLÊNCIA E PAZ

13. Fortalecer as instituições democráticas em todos os níveis e proporcionar-lhes transparência e prestação de contas no exercício do governo, a participação inclusiva na tomada de decisões e no acesso à justiça

a. Defender o direito de que todas as pessoas recebam informação clara e oportuna sobre assuntos ambientais e todos os planos de desenvolvimento e atividades que poderiam afetá-las ou nos quais tivessem interesse.

b. Apoiar sociedades locais, regionais e globais e promover a participação significativa de todos os indivíduos e organizações na tomada de decisões.

c. Proteger os direitos à liberdade de opinião, de expressão, de assembleia pacífica, de associação e de oposição [ou discordância].

d. Instituir o acesso efetivo e eficiente a procedimentos administrativos e judiciais independentes, incluindo mediação e retificação dos danos ambientais e da ameaça de tais danos.

e. Eliminar a corrupção em todas as instituições públicas e privadas.

f. Fortalecer as comunidades locais, habilitando-as a cuidar dos seus próprios ambientes e designar responsabilidades ambientais em nível governamental onde possam ser cumpridas mais efetivamente.

14. Integrar na educação formal e aprendizagem ao longo da vida os conhecimentos, valores e habilidades necessárias para um modo de vida sustentável

a. Oferecer a todos, especialmente a crianças e jovens, oportunidades educativas que os capacitem a contribuir ativamente para o desenvolvimento sustentável.

b. Promover a contribuição das artes e humanidades, assim como das ciências, na educação sustentável.

c. Intensificar o papel dos meios de comunicação de massas no sentido de aumentar a conscientização dos desafios ecológicos e sociais.

d. Reconhecer a importância da educação moral e espiritual para uma subsistência sustentável.

15. Tratar todos os seres vivos com respeito e consideração

a. Impedir crueldades aos animais mantidos em sociedades humanas e diminuir seus sofrimentos.

b. Proteger animais selvagens de métodos de caça, armadilhas e pesca que causem sofrimento externo, prolongado e evitável.

c. Evitar ou eliminar ao máximo possível a captura ou destruição de espécies que não são o alvo [ou objetivo].

16. Promover uma cultura de tolerância, não violência e paz

a. Estimular e apoiar os entendimentos mútuos, a solidariedade e a cooperação entre todas as pessoas, dentro e entre nações.

b. Implementar estratégias amplas para prevenir conflitos violentos e usar a colaboração na resolução de problemas para manejar e resolver conflitos ambientais e outras disputas.

c. Desmilitarizar os sistemas de segurança nacional até chegar ao nível de uma postura não provocativa da defesa e converter os recursos militares em propósitos pacíficos, incluindo restauração ecológica.

d. Eliminar armas nucleares, biológicas e tóxicas e outras armas de destruição de massa.

e. Assegurar que o uso de espaços orbitais e exteriores mantenham a proteção ambiental e a paz.

f. Reconhecer que a paz é a integridade criada por relações corretas consigo mesmo, com outras pessoas, outras culturas, outras vidas, com a Terra e com o grande Todo do qual somos parte.

O CAMINHO ADIANTE

Como nunca antes na história, o destino comum nos conclama a buscar um novo começo. Tal renovação é a promessa dos princípios da *Carta da Terra*. Para cumprir esta promessa, temos que comprometer-nos a adotar e promover os valores e objetivos da Carta.

Isto requer uma mudança na mente e no coração. Requer um novo sentido de interdependência global e de responsabilidade universal. Devemos desenvolver e aplicar com imaginação a visão de um modo de vida sustentável em nível local, nacional, regional e global. Nossa diversidade cultural é uma herança preciosa, e diferentes culturas encontrarão suas próprias e distintas formas de realizar esta visão. Devemos aprofundar e expandir o diálogo global gerado pela *Carta da Terra*, porque temos muito que aprender da continuada busca de verdade e de sabedoria.

A vida muitas vezes envolve tensões entre valores importantes. Isto pode significar escolhas difíceis. Porém, necessitamos encontrar caminhos para harmonizar a diversidade com a unidade, o exercício da liberdade com o bem comum, objetivos de curto prazo com metas de longo prazo. Todo indivíduo, família, organização e comunidade têm um papel vital a desempenhar. As artes, as ciências, as religiões, as instituições educativas, os meios de comunicação, as empresas, as organizações não governamentais e os governos são todos chamados a oferecer uma liderança criativa. A parceria entre governo, sociedade civil e empresa é essencial para uma governabilidade efetiva.

Para construir uma comunidade global sustentável, as nações do mundo devem renovar seu compromisso com as Nações Unidas, cumprir com suas obrigações, respeitando os acordos internacionais existentes e apoiar a implementação dos princípios da *Carta da Terra* junto com um instrumento internacional legalmente vinculante com referência ao ambiente e ao desenvolvimento.

Que o nosso tempo seja lembrado pelo despertar de uma nova reverência face à vida, por um compromisso firme de alcançar a sustentabilidade, pela rápida luta pela justiça, pela paz e pela alegre celebração da vida.

LIVROS DE LEONARDO BOFF

1 – *O Evangelho do Cristo Cósmico.* Petrópolis: Vozes, 1971. Reeditado pela Record (Rio de Janeiro), 2008.

2 – *Jesus Cristo libertador*. Petrópolis: Vozes, 1972.

3 – *Die Kirche als Sakrament im Horizont der Welterfahrung*. Paderborn: Verlag Bonifacius-Druckerei, 1972 [Esgotado].

4 – *A nossa ressurreição na morte.* Petrópolis: Vozes, 1972.

5 – *Vida para além da morte.* Petrópolis: Vozes, 1973.

6 – *O destino do homem e do mundo.* Petrópolis: Vozes, 1973.

7 – *Experimentar Deus*. Petrópolis: Vozes, 2012 [Publicado em 1974 pela Vozes com o título *Atualidade da experiência de Deus*].

8 – *Os sacramentos da vida e a vida dos sacramentos.* Petrópolis: Vozes, 1975.

9 – *A vida religiosa e a Igreja no processo de libertação.* 2. ed. Petrópolis: Vozes/CNBB, 1975 [Esgotado].

10 – *Graça e experiência humana.* Petrópolis: Vozes, 1976.

11 – *Teologia do cativeiro e da libertação.* Lisboa: Multinova, 1976. Reeditado pela Vozes, 1998.

12 – *Natal*: a humanidade e a jovialidade de nosso Deus. Petrópolis: Vozes, 1976.

13 – *Eclesiogênese* – As comunidades reinventam a Igreja. Petrópolis: Vozes, 1977. Reeditado pela Record (Rio de Janeiro), 2008.

14 – *Paixão de Cristo, paixão do mundo.* Petrópolis: Vozes, 1977.

15 – *A fé na periferia do mundo.* Petrópolis: Vozes, 1978 [Esgotado].

16 – *Via-sacra da justiça.* Petrópolis: Vozes, 1978 [Esgotado].

17 – *O rosto materno de Deus.* Petrópolis: Vozes, 1979.

18 – *O Pai-nosso* – A oração da libertação integral. Petrópolis: Vozes, 1979.

19 – *Da libertação* – O teológico das libertações sócio-históricas. Petrópolis: Vozes, 1979 [Esgotado].

20 – *O caminhar da Igreja com os oprimidos.* Rio de Janeiro: Codecri, 1980. Reeditado pela Vozes (Petrópolis), 1988.

21 – *A Ave-Maria* – O feminino e o Espírito Santo. Petrópolis: Vozes, 1980.

22 – *Libertar para a comunhão e participação.* Rio de Janeiro: CRB, 1980 [Esgotado].

23 – *Igreja*: carisma e poder. Petrópolis: Vozes, 1981. Reedição ampliada: Ática (Rio de Janeiro), 1994; Record (Rio de Janeiro) 2005.

24 – *Crise, oportunidade de crescimento.* Petrópolis: Vozes, 2011 [Publicado em 1981 pela Vozes com o título *Vida segundo o Espírito*].

25 – *São Francisco de Assis* – ternura e vigor. Petrópolis: Vozes, 1981.

26 – *Via-sacra para quem quer viver.* Petrópolis: Vozes, 1991 [Publicado em 1982 pela Vozes com o título *Via-sacra da ressurreição*].

27 – *O livro da Divina Consolação.* Petrópolis: Vozes, 2006 [Publicado em 1983 com o título de *Mestre Eckhart*: a mística do ser e do não ter].

28 – *Ética e ecoespiritualidade*. Petrópolis: Vozes, 2011 [Publicado em 1984 pela Vozes com o título *Do lugar do pobre*].

29 – *Teologia à escuta do povo*. Petrópolis: Vozes, 1984 [Esgotado].

30 – *A cruz nossa de cada dia*. Petrópolis: Vozes, 2012 [Publicado em 1984 pela Vozes com o título *Como pregar a cruz hoje numa sociedade de crucificados*].

31 – (com Clodovis Boff) *Teologia da Libertação no debate atual*. Petrópolis: Vozes, 1985 [Esgotado].

32 – *A Trindade e a sociedade*. Petrópolis: Vozes, 2014 [publicado em 1986 com o título *A Trindade, a sociedade e a libertação*].

33 – *E a Igreja se fez povo*. Petrópolis: Vozes, 1986 (esgotado). Reeditado em 2011 com o título *Ética e ecoespiritualidade*, em conjunto com *Do lugar do pobre*.

34 – (com Clodovis Boff) *Como fazer Teologia da Libertação?* Petrópolis: Vozes, 1986.

35 – *Die befreiende Botschaft*. Friburgo: Herder, 1987.

36 – *A Santíssima Trindade é a melhor comunidade*. Petrópolis: Vozes, 1988.

37 – (com Nelson Porto) *Francisco de Assis* – homem do paraíso. Petrópolis: Vozes, 1989. Reedição modificada em 1999.

38 – *Nova evangelização*: a perspectiva dos pobres. Petrópolis: Vozes, 1990 [Esgotado].

39 – *La misión del teólogo em Iglesia*. Estella: Verbo Divino, 1991.

40 – *Seleção de textos espirituais*. Petrópolis: Vozes, 1991 [Esgotado].

41 – *Seleção de textos militantes*. Petrópolis: Vozes, 1991 [Esgotado].

42 – *Con La libertad del Evangelio.* Madri: Nueva Utopia, 1991.

43 – *América Latina*: da conquista à nova evangelização. São Paulo: Ática, 1992 [Esgotado].

44 – *Ecologia, mundialização e espiritualidade.* São Paulo: Ática, 1993. Reeditado pela Record (Rio de Janeiro), 2008.

45 – (com Frei Betto) *Mística e espiritualidade.* Rio de Janeiro: Rocco, 1994. Reedição revista e ampliada pela Vozes (Petrópolis), 2010.

46 – *Nova era*: a emergência da consciência planetária. São Paulo: Ática, 1994. Reeditado pela Sextante (Rio de Janeiro) em 2003 com o título de *Civilização planetária*: desafios à sociedade e ao cristianismo [Esgotado].

47 – *Je m'explique.* Paris: Desclée de Brouwer, 1994.

48 – (com A. Neguyen Van Si) *Sorella Madre Terra.* Roma: Ed. Lavoro, 1994.

49 – *Ecologia* – Grito da terra, grito dos pobres. São Paulo: Ática, 1995. Reeditado pela Record (Rio de Janeiro) em 2015.

50 – *Princípio Terra* – A volta à Terra como pátria comum. São Paulo: Ática, 1995 [Esgotado].

51 – (org.) *Igreja*: entre norte e sul. São Paulo: Ática, 1995 [Esgotado].

52 – (com José Ramos Regidor e Clodovis Boff) *A Teologia da Libertação*: balanços e perspectivas. São Paulo: Ática, 1996 [Esgotado].

53 – *Brasa sob cinzas.* Rio de Janeiro: Record, 1996.

54 – *A águia e a galinha*: uma metáfora da condição humana. Petrópolis: Vozes, 1997.

55 – *A águia e a galinha*: uma metáfora da condição humana. Edição comemorativa – 20 anos. Petrópolis: Vozes, 2017.

56 – (com Jean-Yves Leloup, Pierre Weil, Roberto Crema) *Espírito na saúde*. Petrópolis: Vozes, 1997.

57 – (com Jean-Yves Leloup, Roberto Crema) *Os terapeutas do deserto* – De Fílon de Alexandria e Francisco de Assis a Graf Dürckheim. Petrópolis: Vozes, 1997.

58 – *O despertar da águia*: o dia-bólico e o sim-bólico na construção da realidade. Petrópolis: Vozes, 1998.

59 – *O despertar da águia*: o dia-bólico e o sim-bólico na construção da realidade. Edição especial. Petrópolis: Vozes, 2017.

60 – *Das Prinzip Mitgefühl* – Texte füreinebessereZukunft. Friburgo: Herder, 1999.

61 – *Saber cuidar* – Ética do humano, compaixão pela terra. Petrópolis: Vozes, 1999.

62 – *Ética da vida*. Brasília: Letraviva, 1999. Reeditado pela Record (Rio de Janeiro), 2009.

63 – *Coríntios* – Introdução. Rio de Janeiro: Objetiva, 1999 (Esgotado).

64 – *A oração de São Francisco*: uma mensagem de paz para o mundo atual. Rio de Janeiro: Sextante, 1999. Reeditado pela Vozes (Petrópolis), 2014.

65 – *Depois de 500 anos*: que Brasil queremos? Petrópolis: Vozes, 2000 [Esgotado].

66 – *Voz do arco-íris*. Brasília: Letraviva, 2000. Reeditado pela Sextante (Rio de Janeiro), 2004 [Esgotado].

67 – (com Marcos Arruda) Globalização: desafios socioeconômicos, éticos e educativos. Petrópolis: Vozes, 2000.

68 – *Tempo de transcendência* – O ser humano como um projeto infinito. Rio de Janeiro: Sextante, 2000. Reeditado pela Vozes (Petrópolis), 2009.

69 – (com Werner Müller) *Princípio de compaixão e cuidado*. Petrópolis: Vozes, 2000.

70 – *Ethos mundial* – Um consenso mínimo entre os humanos. Brasília: Letraviva, 2000. Reeditado pela Record (Rio de Janeiro) em 2009.

71 – *Espiritualidade* – Um caminho de transformação. Rio de Janeiro: Sextante, 2001. Reeditado pela Mar de Ideias (Rio de Janeiro) em 2016.

72 – *O casamento entre o céu e a terra* – Contos dos povos indígenas do Brasil. São Paulo: Salamandra, 2001. Reeditado pela Mar de Ideias (Rio de Janeiro) em 2014.

73 – *Fundamentalismo*. Rio de Janeiro: Sextante, 2002. Reedição ampliada e modificada pela Vozes (Petrópolis) em 2009 com o título *Fundamentalismo, terrorismo, religião e paz*.

74 – (com Rose Marie Muraro) *Feminino e masculino*: uma nova consciência para o encontro das diferenças. Rio de Janeiro: Sextante, 2002. Reeditado pela Record (Rio de Janeiro), 2010.

75 – *Do iceberg à arca de Noé*: o nascimento de uma ética planetária. Rio de Janeiro: Garamond, 2002. Reeditado pela Mar de Ideias (Rio de Janeiro), 2010.

76 – *Crise*: oportunidade de crescimento. Campinas: Verus, 2002. Reeditado pela Vozes (Petrópolis) em 2011.

77 – (com Marco Antônio Miranda) *Terra América*: imagens. Rio de Janeiro: Sextante, 2003 [Esgotado].

78 – *Ética e moral*: a busca dos fundamentos. Petrópolis: Vozes, 2003.

79 – *O Senhor é meu Pastor*: consolo divino para o desamparo humano. Rio de Janeiro: Sextante, 2004. Reeditado pela Vozes (Petrópolis), 2013.

80 – *Responder florindo.* Rio de Janeiro: Garamond, 2004 [Esgotado].

81 – *Novas formas da Igreja*: o futuro de um povo a caminho. Campinas: Verus, 2004 [Esgotado].

82 – *São José*: a personificação do Pai. Campinas: Verus, 2005. Reeditado pela Vozes (Petrópolis), 2012.

83 – *Un Papa difficile da amare*: scritti e interviste. Roma: Datanews Ed., 2005.

84 – *Virtudes para um outro mundo possível* – Vol. I: Hospitalidade: direito e dever de todos. Petrópolis: Vozes, 2005.

85 – *Virtudes para um outro mundo possível* – Vol. II: Convivência, respeito e tolerância. Petrópolis: Vozes, 2006.

86 – *Virtudes para um outro mundo possível* – Vol. III: Comer e beber juntos e viver em paz. Petrópolis: Vozes, 2006.

87 – *A força da ternura* – Pensamentos para um mundo igualitário, solidário, pleno e amoroso. Rio de Janeiro: Sextante, 2006. Reeditado pela Mar de Ideias (Rio de Janeiro) em 2012.

88 – *Ovo da esperança*: o sentido da Festa da Páscoa. Rio de Janeiro: Mar de Ideias, 2007.

89 – (com Lúcia Ribeiro) *Masculino, feminino*: experiências vividas. Rio de Janeiro: Record, 2007.

90 – *Sol da esperança* – Natal: histórias, poesias e símbolos. Rio de Janeiro: Mar de Ideias, 2007.

91 – *Homem*: satã ou anjo bom. Rio de Janeiro: Record, 2008.

92 – (com José Roberto Scolforo) *Mundo eucalipto.* Rio de Janeiro: Mar de Ideias, 2008.

93 – *Opção Terra.* Rio de Janeiro: Record, 2009.

94 – *Meditação da luz*. Petrópolis: Vozes, 2010.

95 – *Cuidar da Terra, proteger a vida*. Rio de Janeiro: Record, 2010.

96 – *Cristianismo*: o mínimo do mínimo. Petrópolis: Vozes, 2011.

97 – *El planeta Tierra*: crisis, falsas soluciones, alternativas. Madri: Nueva Utopia, 2011.

98 – (com Marie Hathaway) *O Tao da Libertação* – Explorando a ecologia da transformação. 2. ed. Petrópolis: Vozes, 2012.

99 – *Sustentabilidade*: O que é – O que não é. Petrópolis: Vozes, 2012.

100 – *Jesus Cristo Libertador*: ensaio de cristologia crítica para o nosso tempo. Petrópolis: Vozes, 2012 [Selo Vozes de Bolso].

101 – *O cuidado necessário*: na vida, na saúde, na educação, na ecologia, na ética e na espiritualidade. Petrópolis: Vozes, 2012.

102 – *As quatro ecologias: ambiental, política e social, mental e integral*. Rio de Janeiro: Mar de Ideias, 2012.

103 – *Francisco de Assis* – Francisco de Roma: a irrupção da primavera? Rio de Janeiro: Mar de Ideias, 2013.

104 – *O Espírito Santo* – Fogo interior, doador de vida e Pai dos pobres. Petrópolis: Vozes, 2013.

105 – (com Jürgen Moltmann) *Há esperança para a criação ameaçada?* Petrópolis: Vozes, 2014.

106 – *A grande transformação*: na economia, na política, na ecologia e na educação. Petrópolis: Vozes, 2014.

107 – *Direitos do coração* – Como reverdecer o deserto. São Paulo: Paulus, 2015.

108 – *Ecologia, ciência, espiritualidade* – A transição do velho para o novo. Rio de Janeiro: Mar de Ideias, 2015.

109 – *A Terra na palma da mão* – Uma nova visão do planeta e da humanidade. Petrópolis: Vozes, 2016.

110 – (com Luigi Zoja) *Memórias inquietas e persistentes de L. Boff.* São Paulo: Ideias & Letras, 2016.

111 – (com Frei Betto e Mario Sergio Cortella) *Felicidade foi-se embora?* Petrópolis: Vozes Nobilis, 2016.

112 – *Ética e espiritualidade* – Como cuidar da Casa Comum. Petrópolis: Vozes, 2017.

113 – *De onde vem?* – Uma nova visão do universo, da Terra, da vida, do ser humano, do espírito e de Deus. Rio de Janeiro: Mar de Ideias, 2017.

114 – *A casa, a espiritualidade, o amor.* São Paulo: Paulinas, 2017.

115 – (com Anselm Grün) *O divino em nós.* Petrópolis: Vozes Nobilis, 2017.

116 – *O livro dos elogios*: o significado do insignificante. São Paulo: Paulus, 2017.

117 – *Brasil* – Concluir a refundação ou prolongar a dependência? Petrópolis: Vozes, 2018.

118 – *Reflexões de um velho teólogo e pensador.* Petrópolis: Vozes, 2018.

119 – *A saudade de Deus* – A força dos pequenos. Petrópolis: Vozes, 2020.

120 – *Covid-19 – A Mãe Terra contra-ataca a Humanidade*: Advertências da pandemia. Petrópolis: Vozes, 2020.

121 – *O doloroso parto da Mãe Terra* – Uma sociedade de fraternidade sem fronteiras e de amizade social. Petrópolis: Vozes, 2021.

122 – *Habitar a Terra* – Qual o caminho para a fraternidade universal? Petrópolis: Vozes, 2021.

123 – *O pescador ambicioso e o peixe encantado* – A busca pela justa medida. Petrópolis: Vozes, 2022.

124 – *Igreja: carisma e poder* – Ensaios de eclesiologia militante. Petrópolis: Vozes, 2022.

125 – *A amorosidade do Deus-Abbá e Jesus de Nazaré.* Petrópolis: Vozes, 2023.

126 – *A busca pela justa medida* – Como equilibrar o Planeta Terra. Petrópolis: Vozes, 2023.

127 – *Cuidar da Casa Comum* – Pistas para protelar o fim do mundo. Petrópolis: Vozes, 2024.

EDITORA VOZES LTDA.
Rua Frei Luís, 100 – Centro – Cep 25689-900 – Petrópolis, RJ
Tel.: (24) 2233-9000 – E-mail: vendas@vozes.com.br